D1234673

LA FIN DES VACHES SACRÉES

RÉFLEXIONS SUR L'AVENIR DU QUÉBEC

CLAUDE CASTONGUAY

LA FIN DES VACHES SACRÉES

RÉFLEXIONS SUR L'AVENIR
DU QUÉBEC

LES ÉDITIONS **LA PRESSE**

Catalogage avant publication de Bibliothèque et Archives nationales du Québec et Bibliothèque et Archives Canada

Castonguay, Claude, 1929-
La fin des vaches sacrées : réflexions sur l'avenir du Québec
ISBN 978-2-89705-319-2
1. Castonguay, Claude, 1929- - Pensée politique et sociale.
2. Québec (Province) - Conditions économiques - 21ᵉ siècle.
3. Québec (Province) - Conditions sociales - 21ᵉ siècle. I. Titre.

FC2926.2.C37 2015   971.4'05   C2015-940019-8

PRÉSIDENTE Caroline Jamet
DIRECTEUR DE L'ÉDITION Éric Fourlanty
DIRECTRICE DE LA COMMERCIALISATION Sandrine Donkers
RESPONSABLE, GESTION DE LA PRODUCTION Carla Menza
COMMUNICATIONS Marie-Pierre Hamel

ÉDITEUR DÉLÉGUÉ Yves Bellefleur
CONCEPTION GRAPHIQUE ET MISE EN PAGE Simon L'Archevêque
RÉVISION LINGUISTIQUE Michèle Jean
CORRECTION D'ÉPREUVES Yvan Dupuis

L'éditeur bénéficie du soutien de la Société de développement des entreprises culturelles du Québec (SODEC) pour son programme d'édition et pour ses activités de promotion.

L'éditeur remercie le gouvernement du Québec de l'aide financière accordée à l'édition de cet ouvrage par l'entremise du Programme de crédit d'impôt pour l'édition de livres, administré par la SODEC.

Nous reconnaissons l'aide financière du gouvernement du Canada par l'entremise du Fonds du livre du Canada (FLC).

Nous remercions le Conseil des arts du Canada de l'aide accordée à notre programme de publication.

LES ÉDITIONS **LA PRESSE**
Les Éditions La Presse
7, rue Saint-Jacques
Montréal (Québec)
H2Y 1K9

À mes petits-enfants,
Julie, Caroline, Renaud, Léo et Max

TABLE DES MATIÈRES

AVANT-PROPOS

> *« La folie, c'est de faire toujours la même chose et de s'attendre à un résultat différent. »*
>
> — Albert Einstein

Au cours des 20 dernières années, j'ai connu une vie à la fois remplie, satisfaisante et stimulante. Grâce à une bonne santé pour laquelle j'ai peu de mérite, et ma pension pour laquelle j'ai travaillé très fort, je continue de vivre heureux et confortable au sein de ma famille. Tout compte fait, j'ai vécu dans des conditions qui m'ont permis d'avoir confiance dans la vie et dans l'avenir. Aussi, c'est avec une certaine sérénité et une indépendance d'esprit que je traverse la dernière phase de ma vie.

J'ai constaté que ceux et celles qui, pendant leur carrière, se sont engagés dans les affaires publiques ne s'en désintéressent que rarement par la suite. Je ne fais pas exception à cette règle.

Il m'a été possible ces dernières années de consacrer plus de temps – cet élément si difficile à protéger – à la lecture et à la réflexion sur la vie en général et sur les sujets de l'heure en particulier. Ce sont là des luxes que je n'avais pas vraiment connus auparavant sous la pression de ma vie professionnelle et familiale. Les extraordinaires outils qui sont maintenant à notre disposition grâce à l'Internet et aux moteurs de recherche m'ont permis de mieux comprendre les événements et d'avoir accès à des éléments pouvant me guider dans certains de mes questionnements.

Au cours de ma carrière, j'ai participé activement au lancement de la Révolution tranquille. Les circonstances ont voulu que le premier ministre Jean Lesage me confie le mandat de concevoir le Régime de rentes du Québec et de jouer un rôle de premier plan dans la création de la Caisse de dépôt et placement. Par la suite, le premier ministre Daniel Johnson m'a nommé à la présidence de la Commission d'enquête sur la santé et le bien-être social, qui a pris mon nom et celui de Gérard Nepveu, qui m'a succédé en 1970. Puis, à titre de ministre dans le premier gouvernement de Robert Bourassa, j'ai été notamment responsable de la création de l'assurance maladie, de l'établissement de notre système de santé et de l'adoption du Code des professions.

Après mon passage en politique, j'ai pris la direction du Groupe La Laurentienne, un groupe de services financiers, innovateur à plusieurs égards. Lorsque j'en ai quitté la présidence, en 1990, le Groupe faisait affaire dans l'ensemble du Canada, aux États-Unis, en Grande-Bretagne et aux Bahamas. C'est à titre de responsable du développement de cette belle entreprise que j'ai participé activement à que l'on a appelé le «Québec inc.». J'ai vécu la concurrence dans le monde des affaires et, contrairement à ceux qui ont connu la sécurité d'emploi, je n'ai pas cru qu'il était dans notre intérêt de nous engager dans la voie de l'indépendance du Québec.

Par la suite, j'ai été appelé à travailler à la préparation de plusieurs rapports et à rédiger de nombreux textes sur des sujets variés, ce qui a été enrichissant mais, en même temps, plutôt exigeant. Ce genre d'exercice vous oblige à maintenir rigueur et objectivité, ce qui n'est pas facile face à la pression médiatique. Il n'est pas facile, en effet, face aux médias qui ne cherchent qu'à vous prendre en défaut, de changer publiquement d'idée ou même de simplement modifier quelque peu votre façon de penser.

Lorsque, au début des années 1960, j'ai commencé à m'intéresser activement aux affaires publiques, je me suis identifié naturellement au mouvement social-démocrate. Sa philosophie me semblait correspondre parfaitement aux aspirations de tous ceux qui souhaitaient voir le Québec s'engager résolument et avec ouverture dans le 20ᵉ siècle.

Comme bien d'autres, je croyais fermement que l'État pouvait et devait jouer un rôle déterminant dans notre développement économique, social et culturel. Grâce à la planification gouvernementale et en s'inspirant des théories de l'économiste John Maynard Keynes, je croyais que l'intervention de l'État pouvait transformer et dynamiser notre économie, lui permettre d'atteindre un niveau élevé d'emploi, de hausser le niveau des revenus et de réduire la pauvreté largement répandue dans les quartiers populaires des villes et dans les régions.

La création de richesse rendue possible, les politiques sociales devaient en contrepartie avoir pour objectif que tous les citoyens puissent avoir accès à un meilleur partage des revenus, aux services de santé, à l'éducation et aux services sociaux. Enfin, pour atteindre ces objectifs ambitieux, les mœurs politiques devaient être assainies, l'appareil gouvernemental modernisé et la fonction publique valorisée.

L'avenir me paraissait extrêmement prometteur. Il existait au Québec un climat qui rendait possibles les plus grands espoirs, un climat semblable à celui créé à cette époque aux États-Unis par l'élection du président John F. Kennedy.

Dans ce contexte si nouveau et stimulant, j'espérais vivement, grâce à ma formation d'actuaire, pouvoir jouer un rôle et contribuer à notre émancipation et à notre développement. Je dois admettre que je croyais comme bien d'autres – un peu naïvement – aux vertus de l'interventionnisme de l'État. Sur le plan politique, je croyais me situer au centre de l'échiquier, ni à gauche ni à droite.

Avec le passage du temps, la doctrine social-démocrate a graduellement perdu de son lustre. Les partisans les plus engagés de la gauche l'ont trouvée trop timide tandis que ceux de la droite l'ont jugée trop interventionniste et responsable du déséquilibre des finances publiques.

De mon côté, l'expérience des années aidant, je continue à croire, mais avec beaucoup plus de nuances, dans la nécessité d'un État progressiste, de finances publiques saines, d'une économie solide et dans un ensemble équilibré et équitable de politiques de développement économique, social et culturel.

Dans le monde d'aujourd'hui, je me considère comme un libéral progressiste attaché à la démocratie et à l'égalité fondamentale des êtres humains et, il va de soi, entre l'homme et la femme. Je suis profondément pacifiste, ouvert sur le monde et je regarde vers l'avenir.

Mon livre est destiné à ceux qui réfléchissent sur notre avenir, en espérant qu'il puisse alimenter leurs réflexions et les aider à voir plus clair à l'ère de la mondialisation. Je l'ai écrit en fonction de l'avenir et non en remuant les souvenirs des injustices que nous avons subies dans le passé.

Je serai comblé si les jeunes lisent mon livre, je l'ai écrit en pensant à eux.

PREMIÈRE PARTIE
LA SITUATION

1

UN CHANGEMENT DE CAP

Au début des années 1960, nous nous sommes engagés dans la Révolution tranquille. Les Québécois, qui, pour la grande majorité, avaient vécu humblement dans des conditions de vie particulièrement difficiles, ont accepté de se serrer la ceinture et de miser sur le long terme.

Nous nous sommes dotés d'un ensemble de politiques et d'instruments qui nous ont permis de prendre un certain contrôle sur notre économie. Rompant avec les préjugés du passé, nous avons su faire preuve d'imagination, de créativité et d'audace.

Nous avons vécu la nationalisation de l'électricité et le développement de la Manicouagan et de la baie James, la création du Régime de rentes du Québec et de la Caisse de dépôt et placement. Des projets qui ont permis, pour la première fois, à des Québécois d'accéder à des postes de commande et de démontrer leur savoir-faire.

Grâce à la création de richesse qui en a résulté, nous avons effectué d'immenses progrès sur tous les plans. Nous avons atteint le statut des sociétés développées. Notre niveau de vie et sa qualité n'ont plus rien à voir avec les conditions qu'ont connues la majorité de nos prédécesseurs. Nous sommes devenus maîtres chez nous et nous avons vécu une époque stimulante dans laquelle l'espoir était permis.

Au cours des années suivantes, de belles et grandes entreprises ont vu le jour – le Mouvement Desjardins, Bombardier, SNC, le Cirque du Soleil, CGI et plusieurs autres. À la place d'une économie principalement axée sur l'exploitation de nos ressources naturelles et le secteur manufacturier traditionnel, nous avons maintenant une économie moderne, diversifiée et orientée à juste titre vers les marchés extérieurs.

Les Québécois ont manifesté leur attachement à ce que nous avons convenu d'appeler le «modèle québécois», un attachement fondé sur des valeurs de démocratie, de justice sociale, d'équité et de solidarité. Nous avons ainsi su maintenir un équilibre raisonnable entre l'économique, le social et le culturel.

Mais, en cours de route, force est de constater que l'élan s'est brisé. Le climat de la Révolution tranquille s'est graduellement estompé à un point tel que nous avons le sentiment de tourner en rond et de perdre du terrain dans une atmosphère de déception et de morosité. Nous sommes de nouveau arrivés à un moment clé de notre évolution.

J'ai la nette impression que la période de brassage d'idées, de remises en question et d'affrontements des toutes dernières années va nous engager dans de nouveaux alignements et orientations. Le climat actuel me rappelle celui de la fin des années 1950 qui ont précédé le déclenchement, par les libéraux de Jean Lesage, de la Révolution tranquille. Tout comme à cette époque, je sens comme tant d'autres la même frustration devant l'ambivalence des Québécois, le climat d'immobilisme et la dégradation du sens moral. J'ai le sentiment que trop d'entre nous sont satisfaits d'un certain confort et, il faut bien le dire, d'un niveau médiocre de performance.

Une partie grandissante de la population accepte de moins en moins le statu quo et les vaches sacrées issues de la Révolution tranquille. De plus en plus d'hommes et de femmes s'interrogent sur les défis de l'avenir et s'inquiètent en songeant à l'héritage que nous sommes en voie de laisser à ceux qui nous suivent. Les plus jeunes, qui pensent à leur avenir, remettent en cause avec raison l'ordre établi.

L'État-providence a eu pour effet indirect de nous faire oublier un pan de notre histoire, de nous rendre inconscients face aux problèmes et défis auxquels nous sommes confrontés. La surenchère de promesses électorales, d'élection en élection, nous a engagés dans la voie de la facilité. Collectivement, nous nous sommes habitués à un certain confort et nombreux sont ceux qui ont cessé de croire en l'effort et en une nécessaire solidarité en vue du bien commun.

Nous avons cru que nous pouvions travailler moins tout en obtenant davantage et qu'il était possible de demander le maximum tout en donnant le minimum en retour. Nous sommes loin du message de John F. Kennedy qui demandait aux Américains de s'interroger sur ce qu'ils pouvaient faire pour leur pays plutôt que sur ce que leur pays pouvait faire pour eux.

De toute évidence, la direction à prendre face à l'avenir est loin d'être claire aux yeux de plusieurs. Le moment est venu de changer le cap, dans le respect du choix des citoyens, et de prendre de nouvelles orientations en accord avec nos valeurs et le chemin que nous avons parcouru. Et cela, en fonction de l'avenir et du monde dans lequel nous vivons.

J'ai commencé la rédaction de ce livre en février 2014, soit deux mois avant l'élection du 7 avril. Comme plusieurs, j'ai été surpris et heureux des résultats. Depuis, le nouveau gouvernement s'est engagé dans de nombreuses mesures destinées à relancer le Québec.

Il s'agit là d'un immense défi. Notre économie ne progresse guère et nous perdons des emplois à un rythme inquiétant pendant que les économies de nos voisins canadiens et américains croissent à un bon rythme. Nos finances publiques sont aux prises avec un déséquilibre structurel, ce qui prive le gouvernement d'une nécessaire marge de manœuvre. Si des changements en profondeur aux vrais problèmes ne sont pas effectués, la situation continuera inévitablement à se détériorer.

Au cours des dernières années, les gouvernements successifs ont voulu corriger la situation. Malgré les changements annoncés qui, chaque fois, semblaient nécessaires et appropriés, aucun gouvernement n'a réussi à inverser la tendance. Que ce soit le gel d'effectifs, le déficit zéro de Lucien Bouchard, la réingénierie de l'État de Monique Jérôme-Forget, les réductions des dépenses des ministres Nicolas Marceau et Raymond Bachand, aucune de ces tentatives n'a réussi à rectifier le tir.

Devant les difficiles choix qu'il doit faire, je croyais que le gouvernement Couillard prendrait la voie de la concertation. Il a plutôt choisi celle de l'autorité et de la ligne dure. Du côté du Parti québécois, je croyais qu'à la suite de son amère défaite, il prendrait la voie d'une réflexion en profondeur. Or, il semble vouloir de nouveau chercher un sauveur sans égard à la vocation traditionnelle du parti. Quant à la Coalition Avenir Québec, elle éprouve de la difficulté à se situer sur l'échiquier politique.

Dans un tel contexte, ce serait téméraire de ma part de vouloir m'engager dans des prévisions, d'autant plus que je ne veux pas perdre de vue la perspective à moyen et long terme qui m'a guidé dans la rédaction de mon livre.

2

UNE NOUVELLE ÈRE

LE MONDE EST ENGAGÉ DANS UNE ÈRE SANS PRÉCÉDENT DE changements et de bouleversements profonds, diversifiés et universels dont les effets dépassent largement ceux de la révolution industrielle du 19e siècle qui ont, à l'époque, transformé le monde occidental.

La mondialisation touche en effet, partout dans le monde, tous les domaines de l'activité humaine, que ce soit en matière d'économie, de politique, de culture ou de communications. Les effets de la mondialisation nous affectent tous, personne n'y échappe.

C'est l'introduction de moyens de communication et de transport rapides et efficaces partout sur la planète qui a rendu possible la mondialisation des échanges. Au cours des dernières décennies, elle a provoqué un essor sans précédent du commerce à l'échelle mondiale. Les distances n'étant plus un problème, les entreprises commercent de plus en plus entre elles, au-delà de leurs frontières.

La déréglementation a de plus favorisé la mondialisation, la libéralisation des échanges et la délocalisation de la production et des emplois. Dans le cadre d'une entente de libre-échange entre deux pays, les entreprises de chaque pays peuvent exporter plus librement dans l'autre pays. L'ouverture des marchés permet aux entreprises d'accroître leur production, de créer des emplois et de réduire leurs coûts.

Aujourd'hui, la mondialisation est devenue plus qu'un simple moyen de faire des affaires ou de négocier sur des marchés financiers. Elle fait partie intégrante de notre mode de vie. L'expression «village planétaire» décrit bien le nouveau monde dans lequel nous vivons.

La mondialisation a rendu possible l'extraordinaire montée des pays sous-développés. La profonde transformation de ces pays se poursuit sans que nous soyons pleinement conscients de ses implications à moyen et long terme. Le résumé suivant ne peut laisser indifférent.

Dans une courte période de temps, soit à peine 30 ans, la Chine est devenue la plus grande puissance commerciale au monde. Selon des prévisions crédibles, l'économie de la Chine supplanterait celle des États-Unis vers 2020. Elle détient la plus grande part de la dette publique de nos voisins américains.

Face à la Chine, la marge de manœuvre et l'indépendance des États-Unis ne sont plus ce qu'elles étaient il n'y a pas si longtemps. La transformation majeure des forces en présence dans le monde aura des répercussions profondes et difficiles à prévoir. Il n'est pas exagéré d'affirmer que nous sommes engagés à ce niveau dans un nouveau paradigme.

Derrière la Chine se profilent l'Inde, la Russie, le Brésil et l'Afrique du Sud. Ces pays, qui forment avec la Chine les BRICS (acronyme anglais qui désigne le Brésil, la Russie, l'Inde la Chine et l'Afrique du Sud), sont engagés dans la voie d'un développement accéléré. Cet important groupe de pays rassemble pas moins de 43 % de la population mondiale et produit déjà le quart du produit intérieur brut (PIB) de la planète. Aucun autre bloc ne rivalise avec les BRICS au chapitre de la population.

L'Inde est le pays qui, grâce à son taux élevé de natalité, sera bientôt le plus peuplé de la planète. Malgré sa nombreuse population rurale, ce pays est en voie de s'imposer par ses grands centres urbains spécialisés dans les industries et les services destinés à l'exportation. C'est grâce à sa main-d'œuvre abondante, qualifiée et peu coûteuse que son économie progresse de façon dynamique. Même si l'Inde est moins visible que la Chine, elle appartient tout de même à la même ligue.

Le dernier rapport (2013) des Nations Unies sur le développement humain[1] conclut que l'essor de ces pays est en train de modifier profondément l'aspect du monde du 21ᵉ siècle. Selon ce rapport, l'essor des pays émergents se produit à une vitesse et à un niveau sans précédent. Cela doit être vu comme l'histoire d'une expansion exceptionnelle des capacités individuelles et du progrès continu du développement humain dans les pays où vit la grande majorité des habitants de la planète.

Lorsque des dizaines de pays et des milliards de personnes montent dans l'échelle du développement, comme c'est le cas aujourd'hui, l'impact est immédiat sur la création de richesse et le progrès humain dans tous les pays et régions du monde. Grâce au développement des pays émergents, des centaines de millions de personnes qui, il n'y a pas si longtemps, vivaient dans le dénuement et la pauvreté constituent une nouvelle classe moyenne à l'échelle mondiale. Il est désormais possible de lancer des initiatives stratégiques novatrices à grande échelle, comme l'introduction du microcrédit, susceptibles de

---

1.	http://www.undp.org/content/undp/fr/home/presscenter/events/2013/March/HDR2013.html

favoriser les économies des pays à différents stades de développement.

L'essor des pays émergents confirme qu'il existe des stratégies de croissance économique autres que celles des pays industrialisés. De plus, dans un contexte de libre-échange mondialisé, il faut être conscient que la concurrence des pays émergents est d'autant plus ardue et déstabilisante que ces pays fonctionnent selon des normes bien différentes des nôtres sur les plans du travail et de la protection sociale. La concurrence des pays émergents provoque en conséquence dans les pays industrialisés de profonds changements dont les plus visibles sont la délocalisation des entreprises et des emplois et la forte pression à la baisse sur les conditions de travail.

La mondialisation a donné lieu à la multiplication des accords de libre-échange et à la création, en 1995, de l'Organisation mondiale du commerce (OMC) qui régit le commerce international.

L'accord de libre-échange de 1989 entre le Canada et les États-Unis a constitué sans équivoque l'entrée du Canada dans l'ère de la mondialisation. Dans l'ensemble, cet accord a donné des résultats positifs. Nos exportations vers nos voisins ont connu une croissance extraordinaire et nous avons bénéficié d'un accès amélioré aux biens et services en provenance des États-Unis. Nos entreprises ont amélioré leur efficacité face à la concurrence élargie, ce qui les a incitées à s'engager dans la recherche de nouveaux marchés dans le monde et, en particulier, en Asie. Malgré les emplois délocalisés, les avantages en termes de création d'emplois ont été nettement positifs.

Au moment d'écrire ces lignes, le Canada a conclu un accord de libre-échange avec l'Union européenne. Les enjeux sont énormes. Cet accord ouvre l'accès à un marché de 500 millions d'habitants. Il offre l'occasion d'améliorer la diversification de nos exportations, trop axées sur nos voisins américains. Cet accord a reçu un accueil enthousiaste des partis politiques, des employeurs et des syndicats.

Au Québec, on voit dans cet accord l'occasion d'agir comme trait d'union entre l'Europe et l'Amérique du Nord. Devant une telle perspective, tout compte fait, les avantages de notre situation au sein du Canada excèdent sans conteste les contraintes qu'elle comporte.

Les mouvements de libération des échanges entre grands ensembles à l'échelle mondiale se poursuivent. Les grandes entreprises visent des marchés de plus en plus vastes. Elles ont de moins en moins d'attaches avec leur pays d'origine, particulièrement en ce qui a trait à la production de leurs produits et services. Ces grandes firmes sont bien connues: Nestlé, Merck, L'Oréal, Nike, Disney, Gap. Au Québec, ce sont CGI, Bombardier, Alimentation Couche-Tard, le Cirque du Soleil, etc.

Les sièges sociaux se décentralisent et seul le siège social à la tête de l'empire demeure dans son pays d'origine. En délocalisant leurs activités, les multinationales transfèrent leurs connaissances et leur expertise vers les pays moins développés. Les entreprises voient leurs bénéfices croître et les pays émergents gagnent en matière de technologies, de revenus et d'emplois. Cela permet notamment aux pays sous-développés de s'industrialiser et de ne plus être seulement des exportateurs de matières premières.

Mais, la mondialisation n'apporte pas que des avantages, bien au contraire. Ainsi, la croissance des échanges commerciaux a favorisé le décloisonnement en parallèle des marchés financiers. Les flux financiers dans le monde ont connu une explosion exponentielle et produit un marché planétaire des capitaux à tel point que les flux incontrôlés de capitaux constituent un obstacle à la stabilité financière mondiale. Au lieu de voir les marchés financiers au service de l'économie, d'inquiétantes manifestations en sens inverse se produisent.

Les délocalisations des emplois vers des pays où la main-d'œuvre est moins chère continuent de provoquer des problèmes majeurs dans les pays développés. Des pertes massives d'emplois ont été subies, cela bien souvent dans des villes ou des régions dont les économies étaient spécialisées dans certains secteurs. Chez nous, on a vu fondre les emplois en forêt et, à Montréal, on a vu disparaître du jour au lendemain des milliers d'emplois dans l'industrie du vêtement. Heureusement, le pire semble passé et l'on note des rapatriements d'emplois.

La tendance irréversible vers des traités internationaux, comme celui sur le commerce international, a aussi pour effet de limiter graduellement la souveraineté des pays signataires. Pour que les négociations de ces grands traités aboutissent, elles doivent se faire dans le plus grand secret. Ce qui fait en sorte que les parlements ne sont informés du contenu d'un traité qu'une fois les négociations terminées. Généralement, c'est à prendre ou à laisser : accepter ou rejeter le traité sont les seules options.

Enfin, la mondialisation des échanges économiques et financiers a pour effet d'accentuer les inégalités sociales entre les pays riches et les pays pauvres. Les pays solides sur les plans commercial et financier saisissent les occasions, bénéficient de technologies efficaces et des économies de marché face aux pays pauvres qui sont nettement déclassés.

Les entreprises, qui sont devenues multinationales, déterminent leurs choix stratégiques en matière de localisation, de main-d'œuvre, d'approvisionnement et d'investissements en comparant les avantages et les inconvénients que peuvent leur procurer les différentes solutions possibles sans limites géographiques. Dans un tel contexte, les pays qui offrent un marché plus limité en termes de volume et de richesse sont nettement désavantagés.

Le phénomène de la mondialisation ouvre des perspectives sur un monde sans distance, dominé par de grands blocs, en constante transformation et confronté aux immenses défis de la surpopulation, des changements climatiques et de l'accroissement des inégalités économiques et sociales entre pays et au sein des pays. C'est un phénomène tellement vaste et puissant qu'il est irréversible.

Le rapprochement des peuples et des cultures constitue à mon avis, au-delà de la dimension économique et commerciale, un avantage indéniable de la mondialisation. L'interaction entre les pays et les peuples produit un enrichissement fort diversifié. De plus, en communiquant entre elles, les cultures deviennent nettement plus riches et ouvertes.

Une économie globale est en voie de se constituer. Ce développement ne peut avoir pour effet que de limiter la souveraineté des pays et leur capacité à orienter leurs destinées. Il y a dans la montée des pays émergents tous les éléments d'un bouleversement géopolitique.

Cette ouverture, qui me semble inévitable, entraîne les humains au-delà du cadre des appartenances strictement ethniques et nationalistes. Une tendance qui a une emprise évidente sur les jeunes Québécois pour qui le monde est l'horizon.

3

UN MODÈLE QUI
A FAIT SON TEMPS

Au début de la révolution tranquille, nous avons pris conscience de notre profond état de sous-développement, de dépendance et de soumission. Il était tel que nous avons conclu que seul le gouvernement pouvait changer le cours des choses. C'est ainsi qu'au début des années 1960, le gouvernement s'est résolument tourné vers l'avenir et s'est engagé dans la voie du changement et du développement politique, économique, social et culturel.

Nous avons fait des progrès considérables dans tous les domaines. Tout naturellement, les Québécois se sont habitués à voir l'État intervenir dans à peu près toutes choses, ce qui d'ailleurs concordait avec notre attitude méfiante à l'égard des entreprises et de l'argent, cet héritage tenace de notre passé dominé par l'Église catholique.

C'est dans cette perspective que le Québec s'est doté d'une fonction publique compétente et intègre, qu'une réforme majeure de l'éducation a été enclenchée, que l'électricité a été nationalisée sous Hydro-Québec et que le Régime de rentes du Québec et la Caisse de dépôt et placement ont été créés. Au cours des années suivantes, ces grandes initiatives ont été suivies d'une série d'autres de même nature.

Il en est résulté ce que l'on a appelé le « modèle québécois ». Un modèle qui se distingue non pas parce qu'il est structuré de façon particulière, mais plutôt parce qu'il s'inspire d'une philosophie selon laquelle le secteur public assume un rôle prépondérant dans la plupart des secteurs d'activité. Selon cette conception, le secteur privé est perçu comme devant assumer un rôle complémentaire bien délimité et encadré par l'État.

Avec le temps, cette philosophie a fait en sorte qu'une culture a pris racine au sein de la population. S'inspirant de notre passé catholique, cette culture nous distingue par rapport au monde anglo-saxon américain et canadien dans lequel l'économie de marché n'est aucunement remise en question et le secteur privé joue un rôle prépondérant.

Le modèle n'a guère évolué au fil des années. Certains aspects de la Révolution tranquille sont devenus de véritables vaches sacrées, des sujets tabous. Dès que quelqu'un s'aventure sur ce terrain, il se fait rabrouer. Au lieu de discuter du bien-fondé d'une question, on tire sur le messager. Les statuts d'Hydro-Québec et de la Société des alcools du Québec (SAQ), les projets publics-privés, l'évaluation de la performance en éducation et en santé, le régime des relations de travail et certaines autres questions de même nature sont considérés comme des acquis dont on ne discute tout simplement pas.

Les syndicats sont les plus dogmatiques. Ils ont convaincu une bonne partie de la population qu'ils sont les défenseurs de l'intérêt public contre les méchants néolibéraux et les employeurs en qui on ne peut avoir confiance. Ils sont opposés à l'ouverture de toute discussion sur ces questions dans le but évident de protéger les emplois syndiqués et leurs organisations.

L'omniprésence de l'État a fait en sorte que de nombreux groupes se sont formés pour défendre leurs intérêts face au gouvernement, ce puissant joueur représentant l'intérêt public et détenant, de surcroît, le contrôle sur le robinet financier et le pouvoir législatif. Ces groupes se sont graduellement structurés et ont amélioré leurs moyens d'action et leur efficacité. Un équilibre s'est développé entre eux, de telle sorte qu'il existe un ordre établi. Si la situation d'un groupe est modifiée, l'équilibre est rompu et d'autres groupes, se sentant menacés, s'activent pour maintenir le statu quo, bien souvent au détriment de l'intérêt public.

L'exemple des négociations qui traînent en longueur entre le gouvernement, les médecins et les pharmaciens, concernant de nouveaux services que ces derniers pourraient facilement assurer, illustre bien la situation. La nécessité de confier aux infirmières des soins qui amélioreraient le sort des patients, particulièrement en première ligne et auprès des malades chroniques, se bute au même type de résistance. Nous sommes devenus une société corporatiste tellement structurée que le gouvernement ne peut agir sans provoquer des levées de boucliers, au besoin, des manifestations dans la rue.

Dans la foulée de la Révolution tranquille, des monopoles ont été créés. Au lieu de les craindre, nous en avons élevé certains au rang d'intouchables. On oublie qu'un monopole est un privilège qui confère le droit exclusif de produire un service ou un produit et que celui qui détient ce privilège n'a pas à affronter la concurrence. Il en résulte que le monopole ne subit donc pas les conséquences de ses mauvaises décisions et de son inefficacité. Ce sont plutôt les utilisateurs des services produits par le monopole qui les assument par des prix trop élevés ou une qualité réduite. Lorsqu'il s'agit de monopoles publics, ce sont les contribuables qui absorbent les coûts, des coûts cachés qui peuvent être énormes et peser sur la classe moyenne assujettie à un lourd fardeau fiscal. Hydro-Québec et la SAQ sont les exemples les plus visibles de ces monopoles. Enfin, notre système public de santé se comporte comme un monopole et, périodiquement, des pressions s'exercent pour qu'il en soit de même en éducation.

Nous ne tenons pas compte du fait que l'absence de concurrence inhérente aux monopoles conduit inévitablement à de l'inefficacité et, bien souvent, à la mauvaise utilisation des ressources, au gaspillage et aux passe-droits.

Face à ces constats, nous devons admettre que la Révolution tranquille a donné ses fruits et que le monde dans lequel nous vivons a profondément changé au cours des 50 dernières années. Aujourd'hui, dans les pays démocratiques, le dynamisme des peuples n'est pas engendré et stimulé par leurs gouvernements et leurs structures politiques et administratives. Il trouve sa source et son élan au sein des populations, particulièrement celles des centres urbains.

Il est d'ailleurs facile de le constater. La puissance et le rayonnement de New York, la ville prédominante en Amérique du Nord, ne sont pas les résultats de l'action du gouvernement de l'État. Ce sont les New-Yorkais qui ont développé New York et qui continuent de l'animer dans tous les domaines. On fait le même constat à l'égard d'autres grandes villes comme Boston et Toronto. Il semble évident que ce ne sont pas les gouvernements du Massachusetts et de l'Ontario qui sont les moteurs de ces villes.

Les entreprises et les organismes s'établissent dans les centres urbains afin d'avoir accès à une main-d'œuvre qualifiée et diversifiée, à des services spécialisés, à de plus grands marchés, aux centres de recherche, etc. Montréal possède pleinement ces atouts et constitue nettement le centre et le moteur de l'activité au Québec dans tous les domaines. Elle est suivie de Québec, notre capitale nationale et notre second pôle de développement et de dynamisme. Viennent ensuite les villes de taille moyenne que sont Drummondville, Sherbrooke, Gatineau, Trois-Rivières, des centres urbains qui depuis quelques années ont emboîté le pas.

Bref, le Québec est heureusement engagé dans cette grande tendance urbaine. Une tendance qui, sur le plan politique, fait l'objet de contestation de la part des régions. L'avenir des régions est évidemment important et doit faire l'objet de préoccupations. Mais cet avenir dépend de la capacité des centres urbains à les soutenir et à les aider. Les régions devront comprendre que leur avenir est lié au dynamisme des pôles urbains. Le Québec ne fait pas exception : tous les pays industrialisés doivent composer avec le phénomène de l'urbanisation.

Sur un autre plan, le modèle québécois incorpore une méfiance quasi maladive à l'endroit de tout ce qui peut être considéré comme privé. Une proportion élevée de Québécois croient que les entreprises ont un effet néfaste sur le bon fonctionnement de la société. Peu importe d'où provient cette attitude, que ce soit de la religion catholique, des abus des employeurs ou d'une combinaison des deux, elle est en opposition avec le système économique dans lequel nous vivons et entretient une ambivalence malsaine à l'endroit des milieux d'affaires et des entreprises.

Selon cette attitude, la concurrence et la performance sont des notions qui n'ont guère d'importance. En pratique, cette attitude se traduit par de l'aversion à l'égard de toute tentative d'introduire des mécanismes d'évaluation de la performance, particulièrement en santé et en éducation.

L'exemple suivant est bien représentatif de cette façon de voir. La surconsommation de médicaments est un phénomène particulièrement aigu chez les personnes âgées et celles souffrant de maladies chroniques. Les médecins, qui prescrivent les médicaments, ont une responsabilité évidente à l'égard de cette question qui est loin d'être banale. Or, il existe des systèmes relativement simples d'application pour déceler les médecins qui ont des habitudes de prescription hors normes. Je n'ai jamais senti le moindre désir de la part des intéressés – médecins, pharmaciens et autres – d'introduire un système de dépistage et d'évaluation dont bénéficieraient au premier titre les patients.

On constate la même résistance dans le monde de l'éducation. La question de l'évaluation des professeurs refait surface périodiquement, mais sans jamais qu'il y ait de suite. Pourtant, au primaire et au secondaire, elle est particulièrement importante en raison du caractère influençable des jeunes et de leur incapacité à se prononcer sur la compétence de leurs professeurs.

Enfin, un autre aspect : de façon générale, les cadres au sein des ministères et des établissements de santé et d'enseignement sont enclins à réglementer et à contrôler, plutôt qu'à favoriser l'initiative et la motivation des administrateurs et intervenants engagés dans la production des services.

Cette culture est profondément enracinée et ne laisse aucune place à l'innovation, à l'initiative et aux nouvelles façons de penser et d'agir. Ce sont ces aspects du modèle québécois qui ont largement contribué au fait que notre société vieillit et fonctionne selon des modes d'une autre époque, comme s'ils étaient encore valables aujourd'hui.

Voyons où cela nous a conduits.

Dans l'ensemble, il faut reconnaître que nous avons un niveau de vie élevé, que nous vivons relativement bien et que la majorité est satisfaite de son sort. Cette réalité cache toutefois de sérieux problèmes dont les conséquences pour l'avenir ne sont pas toujours visibles et ne peuvent être ignorées.

Mais tout est relatif et les comparaisons ne sont pas toujours faciles. Les peuples ne partagent pas tous les mêmes objectifs selon leur stade de développement et leur culture. Ainsi, certains pays mettent davantage l'accent sur la qualité de vie et la protection de l'environnement, tandis que d'autres favorisent davantage le niveau des revenus et de la consommation sans trop se préoccuper de leurs effets sur l'environnement.

Mais, au-delà de ces considérations, il faut admettre qu'une économie prospère et un niveau d'emplois de qualité sont des exigences incontournables. En définitive, la situation sur les plans économique et financier est déterminante. Or, notre bilan à cet égard n'est assurément pas à la hauteur de notre potentiel.

En 1981, notre niveau de vie au Québec se comparait à celui des pays européens industrialisés. Depuis, nous avons graduellement perdu du terrain et aujourd'hui, notre niveau de vie accuse un retard certain par rapport à ces pays. Même si ce genre d'écart n'est pas facilement quantifiable, il serait de l'ordre de 15 %, ce qui est loin d'être négligeable.

Plusieurs facteurs ont provoqué ce déclin relatif, mais la lente croissance de notre économie est la principale cause de notre retard. Notre performance se situe à cet égard en deçà de la moyenne canadienne et rien ne permet de croire que nous sommes en position de renverser la tendance. Alors que présentement des emplois sont créés dans les autres provinces et que le taux de chômage baisse, nous continuons au Québec à subir des pertes d'emplois : depuis la récession de 2008, le taux de chômage se maintient aux environs de 8 %. Un tel taux est élevé lorsque comparé à un taux de 3 % considéré comme inévitable dans une économie non dirigée.

Contrairement à la reprise qui se fait de plus en plus vigoureuse aux États-Unis et dans les autres provinces, notamment en Ontario, notre économie stagne et performe en deçà de son potentiel. Les travailleurs de la classe moyenne voient leur situation financière se détériorer. Les fermetures d'usine font très mal. C'est très sérieux.

Nous ne pouvons ignorer que des pays ayant des caractéristiques s'apparentant aux nôtres – la Suède, le Danemark et la Finlande – réussissent mieux que nous, Québécois. Dans un groupe de 30 pays membres de l'Organisation de coopération et de développement économiques (OCDE), la Norvège, les Pays-Bas, la Suède, le Danemark et la Finlande se situaient tous en 2011 dans les premiers rangs quant à leur PIB respectif[2]. Ce qu'il importe de retenir, c'est qu'ils ont impliqué les employeurs et les syndicats dans l'introduction de profonds changements dans leurs politiques économiques et sociales et qu'ils ont redressé leurs finances publiques. Des changements qui, il n'y a pas longtemps, semblaient impossibles. Tout comme au Québec présentement !

Nous avons préféré conserver nos vieilles habitudes et maintenir le statu quo du modèle québécois. Ce qui fait que nos dépenses publiques et la taille de notre secteur public sont parmi les plus élevées des pays industrialisés. L'étendue et le niveau élevé de couverture de nos programmes sociaux sont les principaux facteurs qui font croître nos dépenses publiques plus rapidement que les revenus de l'État. La structure de l'État et la prestation des services publics sont insoutenables à long terme. Rares sont ceux qui refusent de voir ainsi notre situation.

Malgré cette inquiétante perspective, des demandes continuent de jaillir pour que l'État intervienne toujours davantage dans tous les domaines. Un problème se présente et la réaction des personnes touchées est d'exiger l'intervention de l'État.

---

2. Stéphane Paquin et Pier-Luc Lévesque (dir.), *Social-démocratie 2.0 : le Québec comparé aux pays scandinaves*, Montréal, Les Presses de l'Université de Montréal, 2014.

D'ailleurs, il ne se passe pas un jour sans que des groupes réclament des ressources financières additionnelles pour répondre à des situations de crise. Nos dirigeants s'empressent d'intervenir et, ce faisant, nous continuons dans la voie du pelletage en avant, des excès et de la déresponsabilisation.

Conséquence des facteurs qui précèdent, notre fiscalité est nettement parmi les plus élevées. La classe moyenne, qui n'a guère bénéficié depuis un bon moment de la croissance de notre économie et qui doit subir des augmentations périodiques de tarifs, ne peut plus absorber d'augmentation des taxes et impôts. Notre fiscalité constitue un véritable fardeau pour tous ceux qui, par leur travail et leurs efforts, soutiennent notre économie. Quant au niveau de taxation des entreprises, il doit se comparer à celui de nos concurrents, ce qui est une nécessité afin de freiner dans la mesure du possible l'exode d'entreprises, telle Electrolux, et de favoriser la création et le développement de nouvelles.

Au lieu de remédier au déséquilibre de nos finances publiques qui dure depuis de nombreuses années, nos gouvernements successifs se sont tournés vers l'endettement et les déficits budgétaires. Une partie importante de notre dette publique a servi et sert encore à payer les dépenses courantes du gouvernement, une pratique indéfendable qui a pour effet de refiler les conséquences de nos excès à ceux qui nous suivent.

Au cours des 40 dernières années, nos dépenses publiques ont en effet, à une ou deux exceptions près, constamment excédé les revenus du gouvernement. Présentement, si nous incluons notre part de la dette publique du gouvernement fédéral, seuls quatre pays ont des dettes plus élevées que celle du Québec. Le paiement des intérêts sur cette dette accapare, dans un contexte de faibles taux d'intérêt, plus de 11 % du budget du gouvernement. Que de besoins pourraient être comblés si nous avions fait preuve de plus de retenue ! Un jour, et ce n'est qu'une question de temps, les taux d'intérêt vont inévitablement sortir de leur creux historique et augmenter. L'effet sur le niveau des intérêts payés par le gouvernement sera désastreux et le placera, si le problème n'est pas résolu, dans l'impossibilité de maintenir un niveau acceptable de justice sociale et de répondre aux besoins des plus vulnérables.

Notre situation engendre des coûts sociaux et économiques qui frappent aveuglément ceux qui les subissent. Au sein de la population, des situations inacceptables sont de plus en plus nombreuses et préjudiciables. À titre d'exemple, des centaines de milliers d'enfants québécois manquent de l'essentiel, une belle façon pour une société de se préparer pour l'avenir.

Tous ceux qui ont analysé la situation prévoient, pour un avenir prévisible, des écarts grandissants entre les revenus et les dépenses du gouvernement. Des écarts majeurs qui, en l'absence d'un sérieux redressement, vont inévitablement provoquer une crise. Aucun scénario n'indique le contraire. Une situation intenable à moyen et long terme. Un gouvernement responsable ne peut accepter une telle situation.

J'ai la nette impression que la plupart des Québécois ne sont pas conscients du fait que nos problèmes sont dans une large mesure les résultats de nos décisions collectives. Nous sommes en effet en grande partie seuls responsables de notre situation. Nous ne pouvons blâmer les autres et nous justifier en accusant les grands coupables que sont les riches, l'économie de marché, le gouvernement fédéral et notre appartenance au Canada.

Mon analyse et mes réflexions me conduisent sans hésitation à conclure que les plus grands défis auxquels nous faisons face ne viennent pas de notre appartenance au Canada. Nous n'avons que nous-mêmes à blâmer pour l'état pitoyable de nos finances publiques qui découle largement des choix que nous avons faits. En définitive, nos plus grands défis sont la résultante de nos valeurs et de nos choix de société.

Le modèle québécois nous a permis de devenir un peuple relativement prospère et en meilleur contrôle de sa destinée. Mais, avec le temps, il faut bien admettre qu'il nous a graduellement conduits vers une société qui se développe en deçà de son potentiel et qui n'est pas pleinement consciente de sa situation.

Nous traversons une période difficile de notre histoire. Il existe un climat généralisé de morosité, d'incertitude et de cynisme. Un grand vide sur le plan des valeurs se fait sentir. L'époque des modèles introduits par les partis politiques dans des économies nationales fermées et protectionnistes, tel celui dans lequel s'est enclenchée la Révolution tranquille, est terminée. Nos façons de faire héritées de notre passé sont nettement inadaptées aux exigences du monde dans lequel nous vivons.

Heureusement, une majorité de Québécois ressentent un profond besoin de changement même s'il existe des divergences quant aux orientations à prendre et aux mesures qui s'imposent. Ce qui me rappelle le climat de la fin des années 1950 et du début de la Révolution tranquille. Tout comme à cette époque, il nous faut mettre le cap sur l'avenir et nous engager dans le changement.

DEUXIÈME PARTIE

DE NOUVELLES
ORIENTATIONS

4

LE RÉÉQUILIBRAGE DE L'ÉTAT

LE CONTEXTE DANS LEQUEL NOUS VIVONS EST PROFONDÉ-ment différent de celui de la Révolution tranquille et de sa suite, et exige un nouvel équilibrage de l'État. C'est une exigence qui ne peut plus être reportée. Voyons ce qui en est.

Si nous situons le Québec par rapport au passé, les progrès que nous avons réalisés sont considérables à tous les points de vue. Au lendemain de la Conquête, qui aurait pu penser que cette petite colonie isolée allait survivre et devenir, dans un contexte hostile, une nation dynamique et dotée de sa propre personnalité? Notre histoire est une histoire de résistance, de détermination et de solidarité. Pour un petit peuple comme le nôtre, nous nous distinguons de toutes sortes de manières et de façon remarquable à travers le monde. Nous sommes fiers du chemin parcouru et de ce que nous avons accompli.

Mais nous ne vivons pas dans un monde abstrait. Tout est relatif. Par rapport à l'état des peuples et des nations dans le monde contemporain, nous soutenons bien la comparaison. Dans les classements des Nations Unies et des grandes organisations comme l'Organisation mondiale de la santé (OMS), nous nous situons généralement dans le premier groupe de pays, non pas en tête mais en assez bonne position. Le niveau et la qualité de vie au Québec sont tels que nous sommes généralement perçus comme des privilégiés. Si nos portes étaient grandes ouvertes, ce sont des millions et des millions de personnes en provenance d'un peu partout dans le monde qui se réfugieraient ici.

Toutefois, par rapport à la société de consommation individualiste nord-américaine, nous nous classons parmi les derniers en termes de PIB, de richesse et de revenu, d'endettement personnel et de dette publique. À ce niveau quantitatif, nous soutenons mal la comparaison.

En tant que Canadiens et Québécois, nous demeurons attachés à nos valeurs de solidarité et d'égalité. Contrairement à nos voisins américains, nous continuons de bénéficier d'un climat de sécurité et de tolérance ainsi que d'une qualité de vie qui compensent amplement notre niveau de richesse matérielle moins élevé. De ce point de vue, j'ai la nette impression que les Québécois, bien qu'ils souhaitent voir leurs conditions de vie s'améliorer, sont généralement satisfaits. Nous ne souhaitons pas devenir des clones des Américains.

Le Québec est aujourd'hui pleinement intégré dans le tissu politique, économique et social canadien et nord-américain. Notre situation ne se compare aucunement avec l'état de sous-développement dans lequel nous étions à la fin des années 1950.

Enfin, si on analyse l'évolution de notre situation, il y a là un problème : nous perdons du terrain. Par rapport aux pays avec lesquels nous devons nous comparer, nous sommes sur une pente descendante. Notre économie n'est pas suffisamment productive comparativement à notre potentiel. Nos finances publiques sont en déséquilibre. Il existe un climat trop répandu d'insécurité culturelle et une crainte que nous ne soyons pas en mesure de maintenir le type de société que nous avons développée.

Nous allons devoir faire preuve à l'avenir de plus de réalisme et de retenue. La nécessité de rétablir sur une base durable l'équilibre de nos finances publiques est un impératif incontournable. Autrement, en continuant d'hypothéquer notre avenir, nous nous condamnons à l'aggravation de notre situation et à de durs lendemains, bien pires que ceux que nous avons connus au début des années 1980.

Notre situation est telle que des changements s'imposent qui vont bien au-delà des efforts de redressement de nos finances publiques effectués au cours des 20 dernières années. De façon évidente, ces tentatives généralement axées sur le court terme n'ont rien changé fondamentalement. Les gouvernements qui se sont succédé ont manqué de constance et de volonté. Le fait de reporter les décisions qui s'imposaient a amené une sérieuse aggravation de notre situation.

Il faut bien l'admettre : nos deux grands partis politiques ont agi, à quelques nuances près, de la même façon. En définitive, ils ne se sont distingués l'un de l'autre que sur la question du statut politique du Québec. Ni le Parti libéral du Québec ni le Parti québécois n'ont prévu ce qui, fatalement, devait se produire.

Deux orientations peuvent être prises pour stimuler l'économie, une condition essentielle au redressement des finances publiques. Les avis sont toutefois partagés quant à la préférence à donner à l'une ou l'autre de ces orientations. Il existe au sein des partis politiques, chez les économistes et les analystes un désaccord profond et tenace sur les moyens de stimuler l'économie.

Ceux qui défendent la première option croient en la nécessité de réduire en priorité les dépenses publiques afin de rétablir l'équilibre budgétaire et de ne pas accroître davantage le niveau de la dette publique. Ce n'est qu'après l'atteinte de l'équilibre qu'ils voient la possibilité de réduire les impôts afin de stimuler la consommation et l'économie.

Les défenseurs de la seconde option croient nécessaire de stimuler l'économie même si cela retarde l'atteinte de l'équilibre budgétaire, ce qui aura pour effet d'augmenter les revenus du gouvernement et ainsi de rendre moins nécessaire la réduction des dépenses publiques. Cette approche causerait ainsi moins de dommages en ce qui concerne l'action gouvernementale et les services publics.

Pour éviter les effets indésirables prévisibles d'un trop grand engagement dans l'une ou l'autre orientation, une combinaison judicieuse de ces deux avenues doit être établie.

Si nous examinons les décisions prises au Québec dans le passé par nos gouvernements, c'est généralement la deuxième voie qui a été choisie. D'importantes sommes d'argent ont été injectées dans les infrastructures et, généralement, les réductions de dépenses ont été reportées. On doit constater que, malheureusement, les résultats escomptés ne se sont pas matérialisés. Nous avons évité les pires effets de la dernière récession, mais notre économie a continué de fonctionner au ralenti, en deçà de son potentiel. Ce qui explique pourquoi nous nous retrouvons dans la pire des situations, celle d'une croissance économique anémique et des dépenses qui croissent sans cesse. Une situation dans laquelle le «pelletage en avant» n'est plus possible.

La faible croissance de notre économie n'est pas nouvelle. On doit en effet constater que le niveau de vie des Québécois n'a guère progressé au cours des 30 dernières années. Au risque de le répéter, malgré notre potentiel comme peuple et nos immenses ressources naturelles, nous perdons du terrain par rapport à la plupart des pays industrialisés et des provinces canadiennes. Une sérieuse réflexion est nécessaire sur les causes de cette situation.

Mais, avant de poursuivre, il me semble utile de montrer comment des petits pays de la taille du Québec – la Suède, la Finlande et le Danemark – ont pu accomplir un redressement. Ces trois pays qui, il y a 25 ans, étaient dans une situation comparable à celle que le Québec connaît aujourd'hui se démarquent maintenant par leur croissance économique et leur justice sociale[3].

Dans ces pays, la croissance réelle du PIB par habitant a excédé au cours des 25 dernières années celle du Québec d'au moins 20 %, ce qui s'est traduit par une croissance de leur richesse bien supérieure à la nôtre. Le niveau d'emploi est élevé, les finances des gouvernements sont équilibrées et les dettes publiques régressent. Autre fait révélateur, les inégalités sociales sont moins prononcées qu'au Québec, car la redistribution des revenus y est plus élevée.

Parmi les changements qui ont été effectués dans ces pays, deux retiennent l'attention de façon particulière. L'État a été massivement décentralisé et se concentre sur ses fonctions d'orientation, d'allocation des ressources et d'évaluation. Le système de santé est beaucoup moins bureaucratique et les établissements sont en quelque sorte en concurrence. Contrairement à notre système de santé, la croissance des coûts n'a plus pour effet de déséquilibrer les finances publiques.

Nous aurions grand intérêt à nous inspirer de l'expérience de ces pays même si les changements apportés ne sont pas toujours adaptables. Ce qu'il faut retenir, c'est qu'il est possible d'avoir une économie dynamique de concert avec des politiques

---

3. Les données utilisées proviennent d'une étude codirigée par Stéphane Paquin, titulaire de la Chaire de recherche du Canada en économie politique internationale et comparée, ainsi que par Pier-Luc Lévesque. Elle a été publiée par Les Presses de l'Université de Montréal en 2014.

sociales équilibrées et un système de santé accessible, qui répond davantage aux besoins des patients et dont les coûts ne déséquilibrent plus les budgets de l'État. Et cela, tout en ayant des finances publiques saines !

C'est sous cet éclairage qu'il faut voir les quelques propositions qui suivent.

LE RÔLE DE L'ÉTAT

Pour que le redressement des finances publiques devienne possible et que le Québec s'engage dans une croissance plus équilibrée et dynamique, le rôle du gouvernement devrait être recentré. L'État n'a pas comme fonction de produire des services ou de s'immiscer directement dans leur production. Il devrait se concentrer sur sa mission fondamentale : celle de créer les conditions qui permettent à la société un sain développement économique, social et culturel et une amélioration graduelle du niveau et de la qualité de vie de ses citoyens.

Les pays ayant changé d'orientation au cours des dernières décennies ont tous pris la voie du recentrage de la mission de l'État. Non seulement les gouvernements de pays comme la Suède et le Danemark ont établi de véritables partenariats avec le secteur privé en ce qui a trait à l'offre de services aux citoyens, mais aussi le Royaume-Uni – ce champion de l'intervention de l'État – s'est engagé résolument dans cette voie. On a même qualifié son virage de « troisième voie ».

Dans les services publics, ce nouveau paradigme demande que des mécanismes appropriés de concurrence soient introduits partout où c'est possible. Il ne fait pas de doute que c'est là le moyen privilégié d'engager la recherche continue de l'efficience dans la production des services. Il s'agit en définitive de tirer vers le haut plutôt que de niveler par le bas. Pour être efficace, cette concurrence doit miser sur les initiatives là où l'action se produit, soit sur le terrain. Il y a tellement d'imagination qui ne demande qu'à se manifester chez ceux qui sont plongés dans l'action et tellement de façons de faire les choses.

Tout aussi importante, une saine concurrence permet de cibler les services publics les plus performants et de juger de leur valeur. Les usagers des services vont naturellement vers les plus performants. Les autres n'ont alors d'autre choix que d'améliorer l'accès et la qualité de leur prestation. Autrement, tous les intervenants, bons et moins bons, sont traités sur le même pied, ce qui ne peut que réduire la motivation nécessaire à la recherche de l'amélioration et de l'excellence.

Le gouvernement doit fixer des objectifs et procéder à des évaluations des résultats obtenus afin de s'assurer que les ministères, les établissements et les intervenants s'acquittent de leurs tâches. Il s'agit là d'une fonction, trop ignorée et négligée dans tous les secteurs, qui revêt un caractère essentiel, notamment dans les secteurs de la santé, des services sociaux et de l'éducation. D'ailleurs, pour que le gouvernement puisse s'engager dans cette voie de façon objective, il ne peut participer lui-même à la production des services publics. Autrement, il est obligé de juger lui-même de la qualité des services qu'il produit, c'est-à-dire d'agir comme juge et partie.

Le recentrage de l'action du gouvernement a aussi l'avantage de lui permettre de se concentrer sur l'importante responsabilité de l'allocation des ressources et de s'assurer qu'elles sont utilisées de manière judicieuse. On n'a qu'à songer à l'écart persistant entre les ressources disponibles et les besoins de la population pour réaliser l'importance de cette mission dont seul le gouvernement peut assumer la responsabilité.

Il est désolant de constater que le nouveau ministre de la Santé, Gaétan Barrette, a choisi de poursuivre dans la tradition d'un énorme ministère de la Santé qui veut tout décider et contrôler. Il n'est plus à la tête de son syndicat de médecins spécialistes, où il pouvait prendre toutes les décisions et tout contrôler. Cette question revêt une telle importance, vu l'énorme poids de la santé dans le budget de l'État, que j'y reviens plus loin.

L'INTERVENTIONNISME

Au début des années 1960, la situation était telle que seul le gouvernement pouvait lancer le Québec sur la voie du développement. C'est ainsi qu'il s'est investi directement dans tous les domaines. Les initiatives se sont succédé en commençant par la réforme de la fonction publique, l'introduction de l'assurance hospitalisation, la réforme de l'éducation, le Régime de rentes du Québec, la Caisse de dépôt et placement, la nationalisation de l'électricité, la création de Sidbec (Sidérurgie du Québec), l'établissement du système de santé, le développement de la baie James et d'autres actions de même nature.

L'interventionnisme du gouvernement est rapidement devenu la norme ou le modèle. Dès qu'un problème ou qu'un besoin de changement faisait surface, les gens s'attendaient à ce que le gouvernement agisse. C'est ce que les gouvernements successifs ont fait, y compris celui de Daniel Johnson, le successeur à la tête de l'Union nationale de Maurice Duplessis. C'est grâce au gonflement de l'État que les fonctionnaires ont pris du galon et que leurs dirigeants ont acquis le statut de grands mandarins. Nous les avons vus comme étant les seuls capables de nous hisser au plus haut niveau du développement et du progrès. Les hauts fonctionnaires ont tout naturellement pris goût à ce statut, au prestige et au pouvoir qui y sont rattachés.

La présence de l'État et de ses tentacules auprès des individus et des entreprises est devenue telle que de nos jours, beaucoup de personnes n'osent pas exprimer ce qu'elles pensent de peur de subir des représailles. Cette crainte se manifeste de façon aiguë depuis les nominations de Gaétan Barrette et de Yves Bolduc à la tête des ministères de la Santé et de l'Éducation. C'est un phénomène très malsain qui a un effet paralysant.

Graduellement, une véritable culture de dépendance envers l'État s'est développée dans certaines régions et au sein de segments de la population. Aujourd'hui, l'acceptation de cette culture de dépendance est encore bien présente à l'intérieur de la machine gouvernementale. Elle est largement disparue dans les milieux urbains, particulièrement chez les plus jeunes confrontés directement à la concurrence en provenance de l'extérieur.

En rétrospective, l'interventionnisme de l'État nous a bien servis pendant plusieurs années. Toutefois, cette approche, compatible à une autre époque avec le développement, est devenue inappropriée et inefficace, un véritable frein dans la société évoluée qu'est devenu le Québec. Cette inadaptation s'est de plus accentuée avec l'ouverture des marchés et les pressions de la concurrence en provenance, notamment, des pays émergents.

L'exemple du dossier électronique de santé pour chaque Québécois illustre bien les dangers de l'interventionnisme. En 2005, le ministère de la Santé a lancé ce grand projet avec un budget de 537 millions de dollars. Son objectif était de doter tous les Québécois d'un tel dossier avant la fin de 2010. Le ministère avait pris cette décision malgré le coûteux échec, en matière de retard et d'argent, du précédent projet de carte à puce.

Dix ans après son lancement, ce projet est loin d'être terminé. Le ministère vise maintenant 2016 pour le compléter et l'estimation de son coût s'élève maintenant à près d'un milliard et demi de dollars. C'est un échec grave qui a pour effet de priver les Québécois et notre système de santé des extraordinaires avantages d'un dossier électronique pour chaque patient. Comme démonstration du danger des projets conçus au sommet du système plutôt qu'à sa base, il est difficile de faire pire.

L'implantation d'un dossier électronique pour chaque Québécois est pourtant possible. Les citoyens des pays scandinaves ont un tel dossier depuis plusieurs années. Les assurés de l'organisation Kaiser Permanente, aux États-Unis, l'ont également. Au lieu de l'implanter du haut vers le bas, les gouvernements se sont fiés aux établissements et aux cliniques qui se sont empressés de se doter de cet extraordinaire outil. Tout à fait le contraire de l'interventionnisme québécois.

Bien que je n'aime pas le climat de méfiance et de cynisme alimenté par les nombreuses enquêtes suivies par les médias dans les moindres détails, je ne peux m'empêcher de penser que la saga du dossier électronique devrait faire l'objet d'une enquête approfondie. Pour éviter la répétition d'une telle orgie de dépenses, il faudrait savoir comment et par qui les décisions ont été prises, et qui a reçu tout cet argent.

Une société qui se veut dynamique doit laisser de l'espace et de la liberté à ceux qui veulent travailler davantage et courir plus de risques, de même qu'aux personnes qui ont des habiletés particulières. C'est un fait accepté dans le domaine des sports où les meilleurs joueurs jouissent de conditions qui n'ont aucune commune mesure avec tous les autres secteurs d'activité.

De façon particulière, il nous faudra changer d'attitude à l'endroit des gens engagés dans les affaires et cesser de croire que ceux qui réussissent sont des profiteurs. Après tout, ce sont eux qui animent notre économie, créent des emplois et assurent dans une large mesure notre standard de vie.

LA GAUCHE ET LA DROITE

L'habitude d'interpréter les idées et les politiques comme étant de gauche ou de droite n'apporte rien de constructif dans les débats et doit de toute évidence être revue. Cette façon de voir fausse souvent les discussions sur des questions d'importance. C'est d'ailleurs pour cette raison que j'en parle à quelques reprises dans les chapitres qui suivent.

L'expérience suivante que j'ai vécue décrit bien ce que j'ai à l'esprit. En 2007, la ministre des Finances, Monique Jérôme-Forget, m'a demandé de présider un groupe de travail sur le financement de la santé. Le gouvernement étant minoritaire, elle a nommé un membre soi-disant de la gauche, Michel Venne, près du Parti québécois, et une représentante de la droite, Joanne Marcotte, issue de l'Action démocratique du Québec.

Dès le départ, nous avons convenu d'étudier les questions selon le bon sens et en faisant appel aux concepts d'équité, de justice sociale, de solidarité, de responsabilité individuelle et collective et d'efficience. En fait, après avoir précisé et défini une question, nos discussions ont généralement porté sur la recherche d'un sain équilibre entre les divers concepts.

Je ne me souviens pas qu'au cours de nos débats, bien souvent intenses mais toujours corrects, les concepts de gauche ou de droite aient été évoqués pour appuyer ou combattre une idée ou un point de vue. Nous avons ainsi été en mesure de produire un rapport, de l'avis de ceux qui l'ont lu, très valable. Même si le gouvernement de Jean Charest a refusé d'y donner suite pour des motifs purement électoralistes, les propositions contenues dans le rapport font graduellement leur chemin.

Au cours de ce mandat, j'ai pu constater que dans bien des situations, ce qui était perçu auparavant comme étant de gauche peut fort bien être vu comme étant de droite aujourd'hui. Avec l'expérience acquise et la transmission des connaissances, au lieu de classer arbitrairement les questions, les gens développent des points de vue plus objectifs et nuancés. Les deux exemples suivants m'apparaissent pertinents.

Pendant longtemps, la réduction des inégalités sociales a été vue comme une idée et un objectif de la gauche politique.

Aujourd'hui, l'accroissement des inégalités dans les revenus est considéré comme une source d'iniquité et de tension qui doit être enrayée dans une société évoluée. Le fait qu'une personne reçoive un revenu 300 ou 400 fois supérieur à celui de ses employés est jugé inacceptable. Fait à noter, nos partis politiques militent tous, à des degrés divers, dans ce sens. Seule une frange réactionnaire continue de penser que la question des inégalités ne constitue aucunement un problème.

La recherche de la performance et de la productivité dans notre système de santé a été vue, jusqu'à récemment, comme une idée provenant de la droite. On craignait que la poursuite de ce genre d'objectif puisse remettre en cause le caractère universel du système. Aujourd'hui, l'amélioration de la productivité est de plus en plus considérée comme le seul moyen de préserver l'universalité devant la montée inexorable des coûts de la santé.

Si les concepts de gauche et de droite ont moins de pertinence pour guider les électeurs dans la formation de leurs opinions, il faut viser un processus de décision plus rationnel et respectueux de l'opinion des citoyens. Autrement, la prise de décisions au niveau politique ne pourra qu'être arbitraire, à courte vue et sujette aux caprices de l'opinion publique.

LA LIMITE DE NOS MOYENS

Au cours des années, nous nous sommes dotés d'un ensemble de programmes économiques et sociaux dont les diverses implications et les coûts n'ont de toute évidence pas été évalués de façon réaliste. En fait, les coûts se sont généralement révélés beaucoup plus élevés que prévus.

On a récemment évalué que s'ils étaient adoptés par l'Ontario, nos programmes sociaux gonfleraient les dépenses du gouvernement ontarien de quelque 17,5 milliards de dollars. Peu importe la marge d'erreur possible, il est clair qu'il s'agit d'un écart considérable. Compte tenu du fait que les revenus des Québécois sont inférieurs à ceux de nos voisins ontariens, il faut admettre que l'on a mal évalué les coûts futurs de nos programmes sociaux par rapport à notre capacité de les financer.

De plus, la part du coût des programmes assumée par le trésor public s'est alourdie avec le temps. Les gouvernements successifs ont été saisis de ces glissements. Par crainte de déplaire, ils ont laissé la proportion des frais initialement assumés par les utilisateurs décroître pendant des années. Plusieurs rapports, qui ont fait état de la situation et des moyens d'y remédier, ont pris le chemin des tablettes.

C'est ainsi que la proportion des droits de scolarité pour les études postsecondaires a considérablement diminué au cours des années. Au lieu d'ajuster régulièrement les droits à la charge des étudiants, le gouvernement Charest a choisi en 2012 de redresser brusquement la situation. La tentative a avorté et le Québec s'est retrouvé plongé dans une crise dont nous ne connaîtrons jamais les coûts de toutes sortes. Combien d'étudiants ont subi des préjudices en termes de cours annulés ou reportés, de perte de revenus et de harcèlement? Une crise qui, en définitive, n'a fait que des perdants et qui n'a rien réglé.

Un autre exemple est l'engagement pris en 2014 par le gouvernement Marois de hausser les tarifs des garderies de sept à neuf dollars. Le chef du Parti libéral du Québec, Philippe Couillard, n'a pu résister à la tentation et, en campagne électorale, a qualifié la hausse de choc tarifaire. Une fois au pouvoir, le gouvernement annonce, contrairement à son engagement, la modulation et la hausse des tarifs. Un changement qui alourdit significativement le fardeau fiscal de la classe moyenne.

Ce genre de promesse annulée ne pouvait être justifié par la méconnaissance de l'état réel des finances publiques. L'état de déficit structurel était connu bien avant la campagne électorale.

Ce n'est sûrement pas de cette façon que le cynisme de la population à l'endroit de la classe politique va diminuer.

L'état de nos finances publiques ne serait pas si précaire si les membres de l'Assemblée nationale et les citoyens avaient été informés périodiquement, et de façon impartiale, sur l'état actuel et prévisible de nos finances. À l'instar d'Ottawa et de Washington, un poste de directeur du budget devrait être créé et son titulaire nommé par l'Assemblée nationale. Dans sa fonction, le directeur devrait être appelé à donner son avis sur les coûts et le financement de tout nouveau programme ou de toute modification substantielle à un programme en place et, tout aussi important, à dresser l'état des finances publiques lors du déclenchement d'une élection.

Nous n'avons plus le choix : plusieurs programmes devront être mis à jour ou modifiés, non pas selon une conception idéaliste de nos besoins, mais en fonction de nos moyens présents et prévisibles. Une telle révision est essentielle et ne doit pas dérailler devant les inévitables résistances.

LA RESPONSABILISATION

Au Québec, nous payons pour les services publics de deux façons : par le truchement des impôts sur le revenu et par des tarifs, selon le principe de l'utilisateur-payeur, sur l'utilisation d'une gamme de services. Dans l'ensemble, chacun est censé assumer sa juste part du financement de l'État selon les principes de solidarité, d'équité et de justice sociale.

On constate que seulement 60 % des gens paient de l'impôt sur le revenu. Au niveau des personnes, c'est la principale source de revenus du gouvernement. En contrepartie, cela signifie que quelque 40 % des gens ne paient aucun impôt. L'existence d'un nombre aussi élevé de personnes exemptes d'impôt entraîne des effets non négligeables, mais qui sont rarement discutés.

Sur un total de quelque 8,2 millions de personnes, cela signifie que près de 3,2 millions d'entre elles ne contribuent pas directement au maintien et au fonctionnement de l'État. Ils ne paient que pour les services publics qu'ils reçoivent ou utilisent selon des tarifs qui sont généralement inférieurs à leurs coûts réels ou, selon le type de service, en fonction de la proportion qu'ils devraient assumer.

Cela veut aussi dire que la classe moyenne supporte une partie des travailleurs et le reste de la population. Il ne faut donc pas être surpris que la classe moyenne trouve élevé le fardeau des taxes qu'elle est appelée à payer. Avec le vieillissement de la population et les arrivées en grand nombre à la retraite, le déséquilibre va s'accentuer.

Cette situation a aussi comme conséquence que les personnes exemptes d'impôt sont peu affectées par les coûts toujours croissants du fonctionnement du gouvernement et des services publics de santé, d'éducation, de redistribution des revenus, de sécurité, etc. Tout naturellement, elles demandent des services gratuits et détestent la tarification des services publics. Elles ne se préoccupent guère de la performance du gouvernement et des organismes responsables des services publics.

Cette situation, nettement inéquitable, montre l'importance que chacun assume une plus juste part du fardeau fiscal. Plus spécifiquement, on voit l'importance d'une tarification plus juste afin de soulager quelque peu la classe moyenne. En contrepartie, les barèmes d'assistance financière pour les plus démunis et la taxation de la classe moyenne devraient être corrigés afin de neutraliser les effets d'une hausse de la tarification.

LE MÉCHANT SECTEUR PRIVÉ

Un récent sondage nous apprenait que la moitié des Québécois ont une attitude négative à l'égard des entreprises. L'opinion répandue veut que, hors du secteur public, les dirigeants d'entreprises ne recherchent que leur intérêt au détriment du bien commun. Cette mentalité est répandue même au plus haut niveau, politique et bureaucratique, de l'appareil gouvernemental.

Simplement à titre d'exemple, nous avons vu au cours des dernières années l'ex-ministre libéral de la Santé Yves Bolduc et son successeur péquiste Réjean Hébert proscrire ouvertement toute implication du secteur privé dans la santé. À tel point que le simple fait qu'une clinique soit détenue par des médecins en fait une clinique privée, donc suspecte. En éducation, la remise en question du financement des écoles privées est de même nature. Le fait que ces écoles permettent d'accroître les ressources allouées à l'éducation et mettent l'accent sur la performance en irrite évidemment plusieurs.

Cette mentalité est alimentée par une certaine gauche qui refuse d'accepter la réalité du monde dans lequel nous vivons. Son action prend souvent la forme de conflits à saveur idéologique. Ceux qui préconisent la concurrence et des finances publiques saines sont vus comme coupables d'être des tenants de la méchante droite. Tout changement visant à rendre les politiques plus saines sur le plan financier provoque une levée de boucliers.

Les discours sont moins incendiaires que par le passé, mais les tactiques utilisées sont plus raffinées. En 2012, nous avons appris après coup que les syndicats avaient discrètement appuyé le mouvement étudiant dans sa lutte contre l'augmentation des droits de scolarité au niveau postsecondaire. C'est ainsi que ce conflit s'est transformé en lutte contre le système et que les plus contestataires sont descendus dans la rue.

On a réussi à répandre l'impression que les partenariats entre le public et le privé ne sont qu'une autre façon pour le secteur privé de faire plus d'argent au détriment des travailleurs et des «payeurs de taxes». Les ratés du Centre hospitalier universaire de McGill et du CHSLD de Saint-Lambert ont été mis en évidence. Par contre, les succès de la Maison symphonique, du pont de l'autoroute A-25 et le pont de contournement de L'Île-des-Sœurs ont été largement ignorés.

Le fait que les partenariats entre le public et le privé soient très répandus dans de nombreux pays, notamment en France, en Grande-Bretagne et dans les pays scandinaves, est aussi passé sous silence.

Nous sommes pleinement dans le monde hautement concurrentiel du 21e siècle. Quand on pense que la France, qui semble paralysée devant le changement, a dénationalisé ses grandes sociétés d'État – les Postes, l'Électricité de France (EDF) et les chemins de fer (SNCF) –, des monopoles qui, il n'y a pas si longtemps, semblaient intouchables.

Heureusement, j'ai la nette impression que la majorité des Québécois, particulièrement dans les plus grandes villes et chez les jeunes, ne partagent pas ces façons de voir. Si les Français ont été capables de vaincre les résistances et de transformer leurs grands monopoles étatiques, nous devrions être capables au Québec de faire davantage confiance à ceux qui sont engagés dans l'activité économique et responsables dans une large mesure de notre niveau de vie.

Un changement de mentalités à l'égard des entreprises et des milieux d'affaires est nécessaire. On ne doit pas condamner le système parce qu'il y a des excès et des pratiques douteuses. Si c'était le cas, il faudrait faire la même chose avec le secteur public. Ce ne sont pas les exemples qui manquent.

✳ ✳ ✳

De façon particulière, la haute fonction publique a une responsabilité spéciale. Il est évident qu'elle a une forte influence sur nos dirigeants politiques. Lorsque ces derniers sont nommés, bien souvent sans compétence pour la fonction dont ils assument la responsabilité, ils doivent naturellement se fier aux hauts fonctionnaires qui les entourent. D'autant plus que s'ils ne le font pas, ils courent le risque de se faire discréditer.

En démocratie, il n'existe qu'un moyen de changer la façon de penser des citoyens : il faut les informer. Les partis politiques doivent davantage réaliser que les gens sont de plus en plus en mesure de comprendre les enjeux et de se former un jugement. Il existe une sagesse populaire qui ne cesse de surprendre. Bref, il faut faire confiance au lieu de vouloir tout décider et tout faire.

Pour que les changements dans les habitudes et la pensée puissent s'effectuer, cela va exiger beaucoup d'information et de discussions publiques afin que la population les accepte. Un tel exercice est d'ailleurs conforme à l'essence même de la démocratie.

5

LE REDRESSEMENT
DE L'ÉCONOMIE

Nous, québécois, avons de grandes aspirations. Nous voulons une société humaine, solidaire et à l'avant-garde. En santé, en éducation et en services sociaux, nous voulons des programmes accessibles de qualité et aux plus bas coûts possible. Nous voulons des garderies qui font l'envie des autres et des congés parentaux prolongés. Nous voulons un niveau élevé d'emplois et des revenus qui se comparent avec ceux de nos voisins canadiens. Nous sommes fiers d'avoir les inégalités sociales et financières parmi les moins grandes en Amérique du Nord.

Nous avons des atouts majeurs. L'état de santé et d'éducation des Québécois tient bien la comparaison avec l'extérieur. Nous avons de formidables qualités. Nous sommes créatifs, ingénieux et innovateurs. Nous avons une culture bien vivante qui nous est propre. Nous avons un ensemble de politiques sociales et de réduction des inégalités qui font l'envie de plusieurs. Notre peuple, malgré sa petite taille, retient l'attention et rayonne de façon remarquable dans bien des domaines. Nous avons un degré élevé de cohésion au sein de notre société qui nous permet de vivre en sécurité. Nous formons une nation qui est fière.

Nous sommes les propriétaires d'un immense territoire doté d'abondantes ressources naturelles. Nous avons les plus grandes réserves d'eau douce au monde, d'immenses forêts, un sous-sol plein de minerais (fer, or, cuivre, nickel, uranium) et qui, semble-t-il, recèle des gisements possiblement importants de pétrole et de gaz.

Nous sommes bien situés sur les plans géographique et culturel entre l'Europe et l'Amérique du Nord. Dans la mesure où cela est possible dans le contexte de la mondialisation, nous contrôlons largement notre économie. Dans une société évoluée comme la nôtre, le contrôle de l'économie et sa performance ont des effets déterminants. Il s'agit là d'un aspect incontournable. Là se situent les clefs de la création de richesse et de la création des biens et services dont dépendent le niveau et la qualité de la vie.

Nous avons sans contredit un potentiel assez unique. Mais nous devons toutefois constater que nous sommes dans une situation bien en deçà de notre potentiel.

Nous devons bien l'admettre : avec tous ces atouts, nous pourrions faire mieux à bien des égards. Nous pouvons évidemment nous justifier en affirmant qu'il s'agit d'un choix de société. Que nous préférons mettre l'accent sur la qualité de vie, la conciliation travail-famille et la sauvegarde de nos acquis.

Tout cela est bien, sauf que nous ne sommes pas conscients d'être engagés sur une pente descendante et que nous perdons graduellement du terrain. C'est pourtant évident : la progression de notre économie est anémique, nous subissons de tragiques pertes d'emplois, les revenus des travailleurs demeurent obstinément sous la moyenne nationale, notre niveau d'endettement est élevé et nombreux sont ceux qui se dirigent vers de pénibles ajustements à la retraite. Et, ce qui est vraiment inacceptable, c'est que des milliers et des milliers de nos enfants vivent sous le seuil de la pauvreté.

Nos finances publiques sont en déséquilibre et le gouvernement n'est évidemment plus en mesure de s'acquitter adéquatement de toutes ses fonctions et de répondre de façon satisfaisante aux besoins de la population. Les perspectives à court et moyen terme ne sont guère encourageantes compte tenu notamment du fait que le nombre des travailleurs qui quittent la main-d'œuvre active est en voie de dépasser l'arrivée des jeunes. En d'autres termes, alors que la population non productive augmente, la population active diminue.

Pourtant, ce ne sont pas les projets de développement de notre économie qui ont fait défaut. Nous avons parié sur la mise en valeur de notre potentiel hydraulique et forestier, sur les grappes industrielles, la suffisance agroalimentaire, la formule coopérative, l'économie sociale, les mécanismes ingénieux de placement de nos épargnes que sont la Caisse de dépôt et placement, le Fonds de solidarité de la Fédération des travailleurs du Québec (FTQ) et Fondaction de la Confédération des syndicats nationaux (CSN), les nombreux crédits d'impôt, le Plan Nord et j'en passe.

Pour redresser la situation et nous réengager dans la voie d'une croissance soutenue, nous devrons reconnaître ce qu'ont trouvé ceux qui se sont penchés sur la question. La réponse est simple : nous produisons moins que les autres. En termes plus élégants, notre productivité – soit faire plus avec moins – n'est pas assez élevée.

Plusieurs facteurs sont en cause. Nous travaillons moins et nous cessons de le faire pour prendre notre retraite plus tôt que les autres. Pourtant, nous ne sommes pas paresseux. Lorsque les circonstances le demandent ou s'y prêtent, par exemple dans les PME et chez les travailleurs autonomes, nous travaillons de plus longues heures que les autres. C'est dans les emplois hau-

tement syndiqués de la fonction publique et des secteurs de
l'éducation et de la santé que l'on travaille moins.

De plus, pendant des années les entreprises exportatrices
ont bénéficié de l'avantage concurrentiel que leur procurait la
faiblesse de notre dollar. Elles n'ont pas pris l'habitude d'améliorer leur efficacité et d'investir suffisamment dans les nouveaux équipements et les nouvelles technologies.

Mais le climat social et la stabilité m'apparaissent comme
étant les plus importants. Nous savons en effet que les investissements privés sont absolument essentiels au dynamisme de
l'économie. Les investisseurs ont le choix entre le Québec et de
nombreux concurrents au Canada, aux États-Unis et dans
d'autres pays. Il me semble évident qu'ils vont choisir l'endroit
qui présente les conditions les plus favorables.

C'est là que le bât blesse. Il faut être conscient que nous
présentons une image d'instabilité et, à l'occasion, d'hostilité à
l'endroit des milieux d'affaires et des investisseurs. La tenue
possible d'un troisième référendum, les manifestations violentes
du printemps érable, le saccage de la salle du conseil municipal
de Montréal en présence de policiers passifs et le désastreux
projet de charte des valeurs sont autant d'événements qui
donnent l'image d'un climat social en effervescence et d'un milieu hautement instable. L'attitude nettement hostile à l'endroit
de tout ce qui est privé manifestée par les ministres Martine
Ouellet, Yves Bolduc et Réjean Hébert laissent des traces qui
prennent beaucoup de temps à s'effacer.

À la suite de l'élection du gouvernement Marois et la possibilité d'un éventuel référendum, l'activité économique a ralenti
à tel point que les impôts des entreprises ont chuté d'un milliard de dollars au cours de l'année suivante. Comme l'écrivait
le chroniqueur Alain Dubuc dans *La Presse*, il est plus facile de
faire fuir les investisseurs que de les faire revenir.

Pour être crédibles auprès des dirigeants d'entreprises et des investisseurs, les partis politiques, le gouvernement et ses fonctionnaires doivent agir en conséquence. Ils ne peuvent être pris au sérieux s'ils adoptent une attitude négative à l'endroit du secteur privé, font miroiter des redevances excessives ou promettent de s'engager dans des projets non rentables ou en compétition directe avec des entreprises ou des organismes déjà en place.

Le redressement de notre économie exige aussi que nous ayons des finances en bon état. Au-delà de toutes les explications justifiant cette nécessité, il existe une réalité que l'on ne peut ignorer : tous les pays ayant de bonnes performances et considérés comme des modèles ont des finances publiques en bon état, des dettes pas trop élevées en regard de leur richesse et des politiques sociales à la mesure de leurs moyens. Les pays scandinaves, qui ont des tailles s'apparentant à la nôtre, occupent les premiers rangs des classements.

Nous ne pourrons redresser nos finances publiques tant que, comme ces pays, nous n'aurons pas ralenti de manière durable la croissance des dépenses de santé. Pour atteindre ce but, des changements fondamentaux devront être apportés à notre système à l'instar des autres pays. Comme les dépenses de santé accaparent près de la moitié des dépenses du gouvernement, il n'est pas possible d'y échapper.

Malgré les rapports des groupes de travail créés au cours des dernières années, les réformes en profondeur recommandées n'ont pas été effectuées. Malgré les énormes sommes additionnelles consacrées à la santé au cours des 15 dernières années, aucune amélioration tangible des résultats au chapitre des services et des soins n'a pu être apportée. Michel Clair, un ex-président du Conseil du Trésor, résumait la situation dans les termes suivants : « Il n'y a aucun secteur qui, globalement, soit aussi peu redevable et aussi peu transparent dans la gestion de ressources financières publiques aussi massives.» Ce qui est d'autant plus déplorable que les gains potentiels en matière de productivité accrue et de réduction des coûts seraient de l'ordre de centaines de millions et même de milliards de dollars.

Évidemment, bien d'autres facteurs interviennent. Mais, c'est se leurrer que de critiquer l'économie libérale, d'exiger des impôts plus élevés des riches, de blâmer le trop faible niveau des redevances minières et de pourfendre le «mal hollandais[4]» ou d'autres facteurs de même nature. Une chose est certaine: une grande partie de la solution est entre nos mains.

Bref, en ce qui a trait à nos finances, il ne tient également qu'à nous de mettre de l'ordre dans notre propre maison. Compte tenu de l'importance de la question, j'en discute plus longuement dans un prochain chapitre.

La mentalité de la population à l'endroit des entreprises ne changera pas à moins qu'elle soit mieux en mesure de juger ce qui se passe en réalité. Je trouve que les milieux d'affaires pourraient faire bien davantage à ce sujet. Non seulement en communiquant davantage sur ce qu'ils font de valable, mais aussi en dénonçant clairement les pratiques et les gestes abusifs des fautifs.

Les exemples ne manquent malheureusement pas: le comportement des compagnies qui ont lancé sans avis des opérations de forage sur des terrains privés et à proximité des résidences, les entreprises qui quittent des sites dans des conditions inacceptables, des entreprises de divertissement qui polluent par le bruit les voisinages résidentiels. Ce sont des comportements comme ceux-là qui créent un tort immense au secteur privé.

Enfin, le redressement de notre économie ne pourra que bénéficier de l'établissement et de la clarification de nos orien-

---

4. J'explique brièvement ce phénomène à la page 159.

tations et de nos priorités. Nous ne pouvons plus poursuivre sans vue d'ensemble et sans égard aux implications financières dans la multiplication des politiques et des programmes. Il faut souhaiter que la révision des programmes mise en marche par le gouvernement s'inscrive dans cette perspective.

Cette révision ne nécessite pas de sabrer ce qui constitue l'armature sociale et culturelle de notre société. Ce serait néfaste. Ce qui est nécessaire, et possible selon moi, c'est de préciser dans le respect de nos valeurs de continuité, d'équité et de solidarité nos grandes priorités et d'introduire les correctifs et les rééquilibrages nécessaires. Ce qui va demander beaucoup de lucidité et de volonté. Dans sa sagesse, une bonne partie de la population s'y attend.

L'arsenal des moyens peut et devrait comprendre plusieurs moyens d'action. En tout premier lieu, il y a certainement place pour une amélioration de la performance et de la productivité dans les administrations gouvernementales, dans les sociétés monopolistiques d'État telles Hydro-Québec et la SAQ, et dans la conception et la gestion des programmes.

Le contenu et la générosité des programmes sociaux peuvent et doivent être revus sans qu'ils soient dénaturés. Le programme de fertilisation *in vitro* entre nettement dans cette catégorie. Il a été lancé dans l'improvisation sans étude rigoureuse sur son bien-fondé, ses coûts prévisibles et en l'absence de balises.

Le dernier grand programme établi au Québec, celui des congés parentaux, constitue un autre exemple. Malgré le fait que ses coûts aient bondi, aucune correction n'a été apportée.

Enfin, les programmes déjà en place, dont les coûts sont élevés ou augmentent rapidement, devraient être les premiers à faire l'objet d'examen et d'adaptation. Ces programmes sont connus. Simplement à titre d'exemple, il est évident que le niveau de consommation des médicaments et leurs coûts élevés doivent faire l'objet de changements qui ont déjà trop tardé.

Ce genre de changements, malgré leur bien-fondé, sont susceptibles de provoquer des résistances de la part des citoyens et des inévitables groupes de pression qui vont les qualifier de «mesures d'austérité». Difficile de faire comprendre qu'il nous faut vivre selon nos moyens, qu'il s'agit d'une question d'équilibre.

Dans une société démocratique, il n'est pas simple et facile de faire des choix. Seuls les élus doivent assumer cette responsabilité. Les priorités ne peuvent en effet être établies par des non-élus même s'il s'agit de sages ou d'experts. Des moyens démocratiques, tel l'Institut national d'excellence en santé et en services sociaux (INESSS), peuvent améliorer les processus décisionnels des élus. La population n'accepterait, de toute manière et avec raison, rien d'autre.

Pour être valables, les décisions ou les orientations doivent être formulées dans le respect de la démocratie, à l'aide d'avis crédibles et de données probantes et selon des cheminements transparents. La recherche d'un équilibre entre l'efficacité, l'équité et le respect des droits et de la responsabilité doit avoir préséance.

Dans tous les domaines, les orientations doivent être développées dans la perspective d'une société ouverte sur le monde et en fonction de l'avenir, et non d'intouchables droits acquis. Pour qu'il soit possible de s'engager dans ce sens, les changements doivent faire l'objet de larges consensus au sein de la population. Autrement, nous l'avons trop souvent constaté, la volonté au niveau politique ne sera pas au rendez-vous.

Nous devons choisir entre le courage de nos ambitions ou la voie facile du déclin et de la médiocrité. Nous ne pouvons plus agir comme si la mondialisation et ses transformations profondes n'avaient pas eu lieu. Nous vivons dans un monde hautement concurrentiel. Il nous faut réaliser que chaque fois que nous camouflons et refilons les coûts de nos excès ou de nos décisions erronées sur le dos des contribuables ou sur notre endettement, nous nous tirons dans le pied.

6

UN SYSTÈME DE SANTÉ CAPTIF

Tous les pays sont aux prises avec la hausse de leurs dépenses de santé, à tel point qu'au Québec ce secteur constitue nettement le problème numéro un des finances du gouvernement. À lui seul, notre système de santé accapare près de la moitié des dépenses gouvernementales.

Malgré le fait que notre système de santé soit l'un des plus coûteux au monde, il se classe parmi les derniers sur le plan de la performance. Les rapports de nombreux organismes – le Conseil canadien sur la santé, le Fonds du Commonwealth, le Conference Board du Canada et l'OCDE – arrivent tous à cette conclusion. La réputation de ces organismes est telle que personne ne peut mettre en cause leur objectivité.

Dans notre système, pour ramener la croissance des dépenses à un niveau tolérable, nous avons pris la voie des compressions budgétaires et des coupes dans les dépenses au lieu d'apporter les changements nécessaires au système lui-même. Pourtant, l'expérience vécue au Québec et ailleurs montre clairement qu'en l'absence de changements significatifs, les effets sur la croissance des dépenses sont temporaires et les déficits entre revenus et dépenses réapparaissent inévitablement.

Au Québec, le problème se complique à cause du vieillissement accéléré de la population. Actuellement, à l'exclusion du Japon, notre population est celle qui vieillit le plus rapidement. Nous sommes déjà témoins d'une augmentation prononcée du nombre de personnes âgées. En fait, d'ici moins de 20 ans, le nombre de personnes de 65 ans et plus doublera.

Avec le vieillissement, la fréquence des maladies chroniques, tels l'obésité, le diabète, la démence et l'Alzheimer, augmente. Il en résultera une forte pression sur notre système de santé qui, il faut bien l'admettre, s'avère déjà incapable de répondre à la demande de soins et de services.

Or, on estime que le coût des soins aux personnes de 65 ans et plus, y compris celui des soins hospitaliers, représente près de la moitié des dépenses publiques de santé. Si le financement de notre système de santé constitue présentement le problème numéro un des finances publiques du Québec, il est possible d'imaginer ce qu'il en sera demain. Nous nous dirigeons vers une impasse et le statu quo n'est assurément pas une option.

LES SOLUTIONS

Au cours des dernières années, notre système de santé a d'ailleurs fait l'objet de nombreux rapports. Il se dégage de l'ensemble de ces rapports des diagnostics et des propositions qui forment un tout très cohérent. Il existe un accord général sur la possibilité d'améliorer significativement la performance de notre système de santé et de satisfaire les besoins de la population. Par contre, plus on tarde à le faire, plus les solutions deviennent difficiles.

Je ne peux m'empêcher de rappeler le rejet sommaire, en 2008, par le premier ministre Jean Charest du *Rapport du groupe de travail sur le financement de la santé* que j'ai présidé. Si le gouvernement avait donné suite à nos propositions, le système serait beaucoup plus performant et la progression des coûts serait moindre. Je suis profondément convaincu que l'actuel déficit budgétaire structurel si nocif ne se serait pas matérialisé. Dans ce rapport, nous recommandions notamment l'élimination de la plupart des régies régionales de la santé. Il aura fallu six ans pour que le ministre de la Santé annonce enfin que les agences seront abolies, sauf pour la région de Montréal. Que de temps et d'argent perdus à la suite de cette décision purement politique et à courte vue du premier ministre Charest. Quant aux autres recommandations de notre rapport, elles sont restées lettre morte.

En 2012, j'ai publié un livre intitulé *Santé: l'heure des choix*[5] qui s'inscrit dans la perspective des rapports antérieurs sur la santé. J'y explique, d'une part, que notre système de santé a évolué sous l'influence prédominante des exigences de la Loi canadienne sur la santé et de la Loi sur la santé et les services sociaux du Québec, des contraintes financières et budgétaires et de la rigidité du cadre administratif et réglementaire imposé aux intervenants. Et j'y démontre aussi, d'autre part, que l'évolution du système a été conditionnée et bloquée par les pressions exercées par les groupes en présence, notamment les syndicats de médecins et de professionnels et les employés du secteur de la santé. À ces groupes de pression se sont ajoutés les lobbys de la puissante industrie pharmaceutique et de nombreux autres groupes d'intérêts.

Je conclus en formulant 13 propositions qui, à mon avis, demeurent à propos. Elles sont reproduites aux pages 71 et 72.

---

5. Claude Castonguay, *Santé: l'heure des choix*, Montréal, Éditions du Boréal, 2012.

1. *Notre système de santé et de services sociaux, dans toutes ses dimensions, doit être orienté sur la personne, ce qui nécessite un changement de mentalité et d'approche à tous les niveaux.*

2. *Les droits de la personne dans le domaine de la santé et des services sociaux doivent être inscrits dans une nouvelle charte. De plus, la Loi sur la garantie d'accès aux soins doit être réactivée et son application graduellement étendue à plus d'interventions.*

3. *La couverture de notre système doit être définie de façon transparente et structurée, ce qui exige un processus crédible et transparent dans l'établissement des priorités.*

4. *Le financement du système public par les revenus généraux doit être maintenu et la cotisation santé de 200 $ abolie lorsque l'équilibre budgétaire aura été rétabli.*

5. *Le réseau des groupes de médecine familiale doit être relancé et dynamisé en s'inspirant d'une conception large de la santé.*

6. *L'élaboration d'une politique bien articulée de soins et de services aux aînés et aux personnes en perte d'autonomie s'impose sans délai.*

7. *Un système de financement des établissements selon les activités, qui met l'accent sur la productivité et la motivation, doit être introduit et complété par un programme d'évaluation de la performance des établissements.*

8. *Une réforme en profondeur de la rémunération des médecins de famille et des médecins spécialistes s'impose, conformément aux objectifs du système.*

9. *Le rôle des infirmières et infirmiers doit être valorisé et leurs conditions de travail améliorées.*

10. *La gouvernance du système doit être allégée et décentralisée vers les centres de santé et de services sociaux (CSSS) afin d'améliorer sa performance. Les agences n'ont plus leur raison d'être dans leur forme actuelle, sauf dans la région métropolitaine de Montréal.*

11. *Des objectifs relatifs à l'accessibilité aux médecins de famille, aux soins à domicile, au temps d'attente, au désengorgement des urgences, au taux de croissance des dépenses et à la performance des établissements doivent être fixés.*

12. *Un programme de révision de l'utilisation des médicaments doit être introduit afin de rationaliser et de réduire la consommation trop élevée de médicaments.*

13. *Un cadre réglementaire des activités à l'extérieur du système public doit être adopté afin d'établir les critères et les standards nécessaires à la protection des personnes.*

Dans l'ensemble, mon livre a été bien reçu et a fait l'objet de recensions favorables. J'ai donc cru plus utile d'analyser maintenant les causes profondes qui me semblent responsables du blocage dont fait l'objet notre système de santé depuis plusieurs années. C'est cette dimension de la question que j'aborde maintenant dans le contexte du vieillissement de la population.

Les gens sont aux prises avec des problèmes nombreux et visibles. Comme la majorité d'entre eux en ont subi les conséquences ou en ont été témoins, il ne m'apparaît pas utile ici de les analyser une fois de plus, sauf pour une exception. Je pense à nos grands malades chroniques qui doivent, pour un grand nombre, vivre dans des CHSLD dont les standards de respect de la personne et la qualité des soins et de l'hébergement sont nettement inacceptables. Récemment, un terrible incendie à L'Isle-Verte est venu nous rappeler que de nombreuses résidences pour personnes âgées ne sont même pas équipées de gicleurs malgré les recommandations des coroners à la suite de tels drames au cours des dernières années. Nous devrions avoir honte de laisser vivre dans de telles conditions ces personnes qui ont travaillé à construire le monde dans lequel nous vivons.

Ce qui me dépasse, c'est la capacité de la population de subir passivement les conséquences de cette situation qui les touche directement, d'autant plus que les gens savent que des correctifs pourraient être apportés. Non seulement sommes-nous aux prises avec des problèmes chroniques d'accessibilité et de suivi des soins, mais on doit constater une baisse de la qualité des soins provoquée par les compressions budgétaires.

LES CAUSES

Les causes de cette situation sont nombreuses. En tout premier lieu, il faut se souvenir que notre système de santé est axé principalement sur les soins médicaux. Seuls les soins médicalement requis sont couverts en vertu de la Loi canadienne sur la santé. De plus, depuis l'introduction au début des années 1960 de l'assurance hospitalisation, l'organisation des soins dans notre système est principalement axée sur les hôpitaux et l'hospitalisation.

Sous l'influence de la Loi canadienne sur la santé, notre système agit sur la maladie et son traitement par le médecin et en milieu hospitalier au lieu d'être orienté fortement sur la prévention, l'amélioration de la santé et les soins produits en équipe dans des cliniques de santé à proximité des milieux de vie.

À mes yeux, le médecin québécois est bien formé selon la philosophie et les normes de la médecine contemporaine. Il pratique de façon compétente dans le cadre complexe et hautement réglementé de notre système de santé. De façon générale, les personnes ayant traversé un épisode de maladie disent avoir reçu de bons soins. Celles qui ont un médecin attitré se disent dans l'ensemble satisfaites de leur rapport avec lui.

J'insiste dans mon analyse sur l'importance de faire la distinction entre le médecin dans sa pratique et la profession médicale et son organisation. En d'autres termes, les médecins pris individuellement ne peuvent être responsables des sérieuses déficiences de notre système de santé. De là l'importance d'essayer de comprendre les causes profondes de la situation et de notre incapacité comme société à apporter les changements nécessaires.

Au cours des années, les médecins se sont graduellement emparés des tâches de direction et de gouvernance aux niveaux supérieurs du ministère et dans les instances régionales. C'est d'ailleurs en vertu de cette tendance que les premiers ministres semblent croire nécessaire de nommer un médecin à la tête du ministère de la Santé. Ceux-ci, solidaires avant tout de leur profession, ont à leur tour nommé des médecins aux postes clés des établissements. Pourtant, comme les médecins sont formés pour traiter des cas individuels, ils ne sont pas, de façon générale, préparés pour diriger des ensembles complexes comme les grands hôpitaux et, à plus forte raison, l'ensemble du système. Il peut évidemment y avoir des exceptions.

Notre système de santé est sans contredit le plus vaste et le plus complexe de notre société. Il me semble évident que la capacité de gérer une telle organisation devrait être le premier critère dans le choix du responsable de sa direction. Il ne viendrait pas à l'idée de nommer à la tête d'Hydro-Québec une personne simplement à cause de sa connaissance de l'électricité, plutôt qu'à sa compétence et son expérience en tant que gestionnaire.

La formation du médecin fait en sorte qu'au lieu de s'intéresser à l'ensemble du système, le ministre-médecin a tendance à s'engager dans des aspects particuliers du système. Simplement à titre d'exemples, au cours des dernières années, le docteur Yves Bolduc – avec son système Toyota – et le docteur Réjean Hébert – avec l'assurance autonomie – se sont inscrits dans cette tendance.

Par sa formation, le médecin pense et se comporte avant tout en tant que médecin. Son identification à sa profession est forte et il en est profondément solidaire, ce qui a pour effet de placer le ministre-médecin dans une situation difficile. Dès qu'une instance médicale, par exemple le Collège des médecins ou une fédération syndicale, manifeste de l'opposition, sa capacité d'agir objectivement est mise en cause. On peut comprendre qu'il soit naturellement porté à être favorable aux revendications de ses pairs.

Autre exemple, il est difficile d'expliquer autrement les interminables retards dans les changements qui permettraient aux infirmières et aux pharmaciens d'accomplir des tâches jusqu'ici réservées aux médecins. Pourtant, il est tellement évident que les patients en bénéficieraient et que les coûts des services seraient significativement moindres.

En passant, je dois dire que j'ai été renversé d'apprendre que le ministre Bolduc avait accordé une prime de 40 000 $ aux médecins qui prennent la responsabilité de superviser une infirmière praticienne. Un tel arrangement est nettement aberrant et insultant du point de vue de l'infirmière. Seul un médecin a pu faire une telle demande et seul un médecin a pu y consentir !

La nomination au ministère de la Santé du docteur Gaétan Barrette immédiatement après son départ du plus puissant syndicat médical, et la nomination du docteur Yves Bolduc en guise de compensation à la tête de l'important ministère de l'Éducation, malgré son évidente ignorance en la matière, constituent des exemples frappants des comportements et du favoritisme à l'intérieur de la profession. De plus, comment expliquer autrement les généreuses ententes sur la rémunération signées, sans obligation de résultat, au cours des dernières années entre ministres-médecins et médecins-présidents de fédérations ?

Par contre, lorsqu'il s'agit des conditions de travail et de la rémunération des infirmières qui assument un lourd fardeau quotidien, le contraste est saisissant. Leur mission est pourtant vitale dans tous les aspects de l'organisation et du bon fonctionnement de notre système de santé. Au sein des hôpitaux, elles assument de plus en plus de responsabilités et leurs tâches sont toujours plus complexes. En ce qui concerne la première ligne et les soins aux personnes en perte d'autonomie, elles sont appelées à assumer un rôle majeur.

Dans les autres provinces, le personnel infirmier doit avoir un diplôme universitaire pour pouvoir pratiquer. Les infirmières québécoises sont les seules à faire exception à cette règle. Pourtant, dans tous les domaines, le progrès dans les connaissances et les technologies rend nécessaires des standards de formation de plus en plus élevés. Voilà une autre situation qui tarde à être corrigée et dont bénéficierait l'ensemble des Québécois.

LE MONOPOLE DE LA SANTÉ

Une évidence s'impose: notre système de santé constitue un énorme monopole, dominé par la profession médicale, qui chemine selon sa dynamique interne et les impératifs du gouvernement et qui demeure peu réceptif aux besoins des citoyens.

Tous les rapports sur la santé ont unanimement dénoncé la centralisation et la lourdeur de ce monopole. Cet aspect de notre système, propre aux monopoles, est lié à l'objectif premier au niveau gouvernemental, soit celui de freiner par la réglementation et les contrôles la croissance des dépenses en santé. Selon la culture prédominante au sein de l'appareil gouvernemental, il est plus simple et efficace de vivre avec un monopole que de miser sur l'efficience et la productivité pour accroître le volume et la qualité des soins.

Pour comprendre comment fonctionne ce monopole, il est nécessaire de bien identifier ses éléments. Ils sont multiples et agissent comme des boulons qui verrouillent le système.

La chasse gardée de la profession médicale sur tout ce qui peut être considéré comme un acte médical constitue le premier boulon. En 1973, lors de la refonte de la Loi sur le Collège des médecins, nous avions introduit des dispositions afin d'assouplir les frontières entre la médecine et les champs de pratique d'autres professionnels, tels les pharmaciens et les infirmières. Cinquante ans plus tard, la situation n'a guère changé. La Fédération des médecins omnipraticiens (FMOQ) et la Fédération des médecins spécialistes (FMSQ) ont résisté efficacement à toute tentative en ce sens.

Les interminables négociations en vue de permettre aux infirmières et aux pharmaciens de satisfaire certains besoins évidents des patients sont une autre manifestation de cette sourde résistance. La mainmise de la médecine est telle que tous les changements, même les plus justifiés, doivent faire l'objet de négociations et doivent être monnayés à tel point que le ministère de la Santé agit comme si le système appartenait à la profession médicale et que la Loi sur l'exercice de la médecine avait pour but de protéger les médecins contre toute intrusion plutôt que de protéger la population.

Le deuxième boulon est le fait que les médecins se considèrent comme des travailleurs autonomes et que le ministère les traite comme tels. Bien qu'ils ne soient pas des salariés, cela n'en fait pas de véritables travailleurs autonomes. En fait, leur statut de travailleur autonome est inconciliable avec le caractère universel et obligatoire de notre système. Les négociations sur la nécessité d'étaler leur rémunération montrent qu'ils se comportent d'ailleurs comme des syndiqués qui négocient strictement en fonction de leurs intérêts. Par contre, en ce qui a trait à leur pratique, ils agissent comme des travailleurs autonomes qui n'ont guère d'obligations à l'égard de notre système de santé.

Compte tenu de leur champ de pratique exclusif et de leur généreuse rémunération, leur statut devrait refléter leur fonction de médecin de l'assurance maladie. À cet effet, la responsabilité de la profession médicale et le statut professionnel des médecins devraient être clairement définis.

Ce qui nous conduit au troisième boulon, celui de leur mode de rémunération. La rémunération à l'acte demeure dans notre système le mode général de rémunération des médecins de famille et, dans une large mesure, des spécialistes. Or, l'expérience acquise montre sans équivoque que ce sont les systèmes qui ont introduit pour les médecins de famille une combinaison de capitation (un montant fixe) et de paiement à l'acte qui obtiennent les meilleurs résultats en matière d'accessibilité et de qualité. Selon le mode de capitation, un montant fixe est versé périodiquement au médecin pour chaque patient inscrit sur sa liste. Ce mode permet ainsi au médecin de consacrer plus de temps à chacun de ses patients et d'intégrer la prévention dans sa pratique, de formuler des diagnostics réfléchis, de traiter ses patients et de les suivre au lieu d'agir bien souvent comme un intermédiaire entre lui et le médecin spécialiste. Ce mode mixte facilite de plus le travail en équipe et le partage des tâches avec d'autres professionnels, tels les infirmières et les pharmaciens.

Dans plusieurs pays, la rémunération est répartie à 50 % ou plus selon la capitation et à 50 % ou moins selon le paiement à l'acte. Les médecins doivent prendre en charge et inscrire un nombre minimum de patients sur leurs listes, entre 1 500 et 1 700. Dans notre système, la norme d'environ 1 500 patients devrait être appliquée sur une période de transition de deux à trois ans afin de réduire les nombreuses obligations auxquelles les omnipraticiens sont assujettis. Il n'existe aucune raison fondamentale pour ne pas viser une telle norme au Québec.

La situation sur le plan des soins spécialisés ne se compare pas à celle des soins de première ligne. Les problèmes d'accès, bien que présents, n'ont pas la même acuité. Toutefois, au moins deux changements devraient être apportés pour améliorer l'accessibilité et la qualité des soins spécialisés. Au cours des années, la FMSQ a obtenu le pouvoir d'établir le poids relatif de la rémunération entre les diverses spécialités médicales, ce qui fait que le partage est fortement influencé par les spécialités traditionnellement les plus fortes, telles la radiologie et la chirurgie. Ce pouvoir devrait être rapatrié par le ministère afin que le partage soit effectué en fonction des responsabilités de chaque spécialité et des besoins et des objectifs du système.

Malgré l'importance des négociations avec les médecins, elles se déroulent dans le secret. La conclusion des ententes est toujours suivie de communiqués affirmant que les intérêts des contribuables ont été bien protégés et que ceux des patients ont primé. On prend bien soin toutefois d'éviter de donner des renseignements pertinents. Il est toujours question de pourcentages au lieu de faire état des montants en cause, des manigances qui entretiennent le cynisme au sein de la population.

Dorénavant, la rémunération des médecins devrait faire l'objet d'une politique explicite dont l'objectif premier devrait être une rémunération adéquate et une amélioration de la performance de notre système de santé.

Enfin, les médecins spécialistes devraient être plus responsables des tâches reliées à l'hospitalisation et qui, présentement, empêchent les omnipraticiens d'assumer plus efficacement leur rôle de médecins de première ligne. Il est grand temps de rétablir l'équilibre rompu dans un contexte de crise il y a une vingtaine d'années.

Le quatrième boulon se situe dans le blocage idéologique et syndical par rapport à tout ce qui n'est pas strictement public en santé. Le refus de poursuivre dans la voie de la garantie d'accès, introduite en 2005 par Philippe Couillard, constitue la dernière manifestation de ce blocage. La Loi sur la garantie d'accès avait comme objectif d'engager le ministère à respecter des temps d'attente maximums pour un certain nombre de chirurgies et d'interventions. Selon cette loi, des soins habituellement prodigués à l'hôpital peuvent l'être dans des cliniques spécialisées hors des hôpitaux. Dans ces cliniques, les soins sont soumis aux mêmes contrôles que dans les hôpitaux et leur financement demeure entièrement public.

Au départ, trois chirurgies – celles de la hanche, du genou et de la cataracte – ont fait l'objet d'une garantie de six mois. Il en est résulté une augmentation considérable du nombre d'interventions. Les listes d'attente au-delà de six mois ont diminué. Mais, comme il fallait s'y attendre, ce nouveau programme a fait pousser les hauts cris à ceux qui placent la pureté du système et la protection des emplois syndiqués avant les besoins et les droits des patients.

Devant cette résistance, le ministre Bolduc n'a pas poursuivi dans la voie tracée. De plus, le ministre Hébert, qui lui a succédé, a annoncé qu'il mettrait fin à la seule entente conclue entre l'Hôpital du Sacré-Cœur et la clinique Rockland MD en dépit des résultats positifs obtenus et de l'incapacité des hôpitaux à prendre le relais si l'entente n'était pas renouvelée. Au moment où j'écris ce livre, la question demeure en suspens.

De toute évidence, le déboulonnage du monopole de la médecine sur notre système de santé constitue un défi majeur. Notre société traite généreusement les médecins. Elle est en droit de s'attendre à un engagement réel de leur part dans la poursuite d'un tel objectif. Malheureusement, tant que le ministère sera entre les mains d'un médecin et que les fédérations médicales conserveront leur monopole, j'ai bien peur que le déboulonnage soit toujours remis à plus tard.

LA FERMETURE DE LA PROFESSION

Pour être vraiment orientée en fonction de la satisfaction des besoins du patient, la profession médicale devra sortir de sa chasse gardée et faire preuve d'ouverture à l'endroit des autres professionnels et intervenants en matière de santé.

Un nombre grandissant de personnes en quête de traitement et de soulagement font de plus en plus appel à des intervenants hors de la médecine traditionnelle, notamment les ostéopathes, les kinésithérapeutes et les acupuncteurs. Ces praticiens répondent de façon évidente à des besoins que la médecine traite peu ou pas.

L'attitude de la médecine à leur endroit fait en sorte que leurs activités sont généralement entourées d'une aura de clandestinité malsaine. Le commun des mortels trouve difficile, sinon impossible, de distinguer les pratiques valables d'avec celles qui ne le sont pas. Il leur est impossible de distinguer entre ceux qui ont les connaissances nécessaires et sont compétents et les inévitables charlatans. Ce qui oblige les patients à courir des risques qui pourraient être évités. Il y a sûrement des personnes qui, en l'absence d'une information objective, se voient privées de traitements susceptibles d'améliorer leur santé et leur qualité de vie.

Il me semble que le temps est venu de mettre fin à cette situation et, comme plusieurs le réclament, d'établir les exigences de formation et d'admission et d'encadrer les pratiques qui sont valables tout comme pour les professions traditionnelles. Sur ce plan comme sur bien d'autres, nous traînons les pieds.

LA LOI CANADIENNE SUR LA SANTÉ ET LES TRANSFERTS

La Loi canadienne sur la santé est une autre des causes qui a contribué de façon déterminante à l'état actuel de notre système de santé. Ce point de vue est maintenant largement partagé à l'échelle canadienne.

L'application rigide de la Loi canadienne sur la santé a eu des effets structurants sur notre système de santé. Une telle rigidité dans son interprétation a fait en sorte que la couverture des régimes des provinces est demeurée fondamentalement la même qu'à l'origine malgré les changements profonds dans les connaissances, les technologies, les modes de prestation des soins et les besoins des citoyens.

Le critère du *médicalement requis* utilisé à l'origine pour définir la couverture de l'assurance maladie n'est plus en accord avec la réalité. Il s'agit d'un concept totalement inadapté au suivi des patients, particulièrement des malades chroniques. Aujourd'hui, les soins sont produits en équipe de façon continue et demandent souvent l'apport d'autres intervenants.

La Loi canadienne sur la santé devrait faire l'objet d'une révision en profondeur. Mais nous savons que cela ne se produira pas, car les Canadiens des autres provinces considèrent cette loi comme un symbole de notre identité nationale, comme une vache sacrée.

Compte tenu de cette réalité et du fait que le gouvernement fédéral va plafonner ses transferts à la santé, le Québec devrait demander son exclusion de la Loi canadienne avec pleine compensation fiscale. Cela permettrait de mieux adapter notre système de santé aux exigences actuelles.

On ne peut minimiser l'importance de cette question. La performance de notre système de santé a des conséquences sur tous les Québécois. Comme il accapare en outre près de 50 % des dépenses du gouvernement, ce dernier devrait en avoir la pleine responsabilité. De toute façon, notre système de santé est un acquis et aucun gouvernement n'oserait en restreindre la couverture.

L'attention est tellement centrée sur les problèmes d'accessibilité et le suivi des patients que certains changements nécessaires ne semblent pas faire l'objet des préoccupations du ministère.

LA SURCONSOMMATION DES MÉDICAMENTS

Les médicaments jouent un rôle de premier plan auprès de la population. Ils sont utilisés pour prévenir les maladies et contrôler leur évolution, guérir, diminuer la douleur et la souffrance et permettre aux personnes atteintes de maladies chroniques de maintenir une qualité de vie acceptable. Ils peuvent permettre d'éviter des traitements plus coûteux et de réduire, ou d'éviter, des séjours à l'hôpital.

Au chapitre de la consommation de médicaments, comparativement à 25 pays recensés par l'OCDE, le Canada se classe au deuxième rang, derrière les États-Unis. Au Québec, la consommation excède la moyenne canadienne de 11,5 % et celle de la France par plus de 25 %! À moins que tous les autres pays ne soient dans l'erreur, ces données montrent que nous nous fions trop aux médicaments.

L'augmentation constante et rapide du coût de notre régime public d'assurance médicaments est d'ailleurs impressionnante. Au cours de la période de 1997 à 2007, le coût a augmenté de 12,3 % par année. C'est cet aspect du régime qui retient généralement l'attention.

Heureusement, des mesures ont été prises, notamment le regroupement des achats et une plus grande utilisation des médicaments génériques, pour essayer de freiner la croissance des coûts. Ces efforts doivent être maintenus. Les médicaments sont en effet conçus et produits par de puissantes entreprises qui font des affaires à l'échelle mondiale, ce qui les met largement à l'abri de l'emprise des gouvernements nationaux. Ces entreprises supranationales sont très habiles et leurs stratégies d'affaires sont particulièrement efficaces.

Bien que l'usage trop grand des médicaments par les Québécois soit bien connu, ce sérieux problème ne reçoit assurément pas l'attention qui devrait lui être accordée. Pourtant, les risques liés à la surconsommation de médicaments, particulièrement chez les personnes âgées, sont grands. L'OMS n'hésite pas à affirmer qu'elle est la cause de nombreux accidents (erreurs dans les prescriptions, mauvaises utilisations, etc.), de la prolongation des maladies et de décès : la surconsommation des médicaments se classe dans les premiers rangs des causes de décès ! Ce n'est pas rien.

Dans notre système de santé, la rémunération à l'acte constitue un des facteurs responsables de la surconsommation. Ce mode de rémunération incite les médecins à consacrer très peu de temps à leurs patients : les consultations auprès des omnipraticiens sont souvent minutées et dépassent rarement 10 minutes. Dans un si court laps de temps, il est impossible de cerner les causes et la consultation se conclut généralement par la prescription d'un médicament visant à réduire les symptômes. Pourtant, il est reconnu que ce sont les mauvaises habitudes de vie, le manque d'exercice, la mauvaise alimentation et le stress qui sont responsables de plus de la moitié des maladies. Évidemment, le recours aux médicaments demande moins d'efforts que d'adopter des habitudes de vie plus saines. Des centaines de milliers de prescriptions représentant des centaines de millions de dollars par année, liées aux symptômes plutôt qu'aux causes, pourraient être évitées.

Un autre facteur accentue depuis quelques années l'augmentation des coûts : l'utilisation de médicaments qui ciblent des aspects plus spécifiques de certaines maladies est de plus en plus répandue. Comme ces médicaments ne s'adressent qu'à un nombre plus restreint de patients, ils sont considérés comme des médicaments d'exception et ne sont pas couverts par l'assurance médicaments. La Régie de l'assurance maladie du Québec (RAMQ) peut toutefois accepter sur une base individuelle, sur ordonnance du médecin, de couvrir les coûts de ces médicaments.

Ce qui à l'origine n'était qu'une procédure d'exception est devenu une pratique généralisée. Plus de 175 millions de ce type d'ordonnances, soit 9 ordonnances sur 10, ont été autorisés en 2013 : l'exception est devenue la règle !

Comme il s'agit de médicaments coûteux, la facture s'est élevée à plus d'un milliard, soit la moitié du coût de l'assurance médicaments. Les médicaments d'exception sont devenus le moyen d'éviter de poser clairement la question du coût très élevé des nouveaux médicaments. D'autres économies substantielles pourraient être effectuées à ce chapitre.

Il ne fait aucun doute que les médecins de famille devront réviser leurs habitudes de prescription. Lors de l'établissement de l'assurance médicaments, en 1995, nous avions formulé une recommandation très claire dans ce sens. Les médecins qui se sont succédé depuis à la tête du ministère n'ont pas jugé bon d'y donner suite.

En outre, une révision sans retard de la liste des médicaments par l'INESSS s'impose afin de tenir compte de cette réalité. Les sommes en cause sont telles que l'INESSS devrait avoir un mandat clair pour assumer pleinement cette mission et être doté des ressources professionnelles et financières nécessaires.

LE SURDIAGNOSTIC

En plus de la surconsommation de médicaments, une autre tendance de même nature s'est manifestée dans notre système de santé. Nous assistons à une véritable multiplication des analyses de laboratoire et des examens d'imagerie, ce que les spécialistes appellent le surdiagnostic. Deux causes expliquent cette tendance. Au lieu de consacrer plus de temps à formuler un diagnostic, beaucoup de médecins prescrivent une longue liste d'analyses et d'examens, ce qui, en passant, rassure les patients. Or, des recherches ont montré que bien souvent on détecte, avec la multiplication des tests et des analyses de laboratoire, des anomalies qui ne causeraient aucun problème. On affirme même que le risque de mourir des effets secondaires de certains médicaments ou interventions est plus élevé que celui de la condition qu'on essaie de traiter.

D'ailleurs, le surdiagnostic est de plus en plus une source de préoccupation. Non seulement des milliards sont inutilement engloutis dans ce qui est considéré comme des excès, mais il comporte des inconvénients majeurs. L'Association médicale du Québec (AMQ) estime qu'il provoque des dépenses de l'ordre de cinq milliards de dollars chaque année pour des examens et des traitements qui ne donnent rien, et cela, en plus du temps qui n'est pas consacré aux patients qui ont vraiment besoin de soins et de traitements. Ce n'est pas rien.

Pour renverser ces tendances, le changement du mode de rémunération ainsi que l'information et l'éducation des patients sont certainement les moyens les plus efficaces. Les médecins devront de plus en plus faire participer leurs patients dans la prise de décision. Un grand nombre de patiens sont en mesure de partager avec eux l'évaluation des risques et des avantages et désavantages que présente l'usage de médicaments.

Pour le gouvernement, il y a là des économies potentielles de centaines de milliers, voire de milliards de dollars, et la possibilité d'améliorer la santé d'un grand nombre de personnes qui, actuellement, font un trop grand usage de médicaments. Une orientation qui me semble hautement préférable à une multitude de petites coupes, pas toujours justifiées, qui créent un mécontentement généralisé.

LA SÉCURITÉ DES PATIENTS

Depuis quelques années, grâce aux rapports sur les accidents et les incidents, il est possible de mieux évaluer la situation du point de vue de la sécurité des patients. Chaque année, on constate que des dizaines de milliers de patients subissent dans nos hôpitaux des accidents à divers degrés de gravité. Les rapports confirment que les accidents causent des centaines de décès et laissent de plus des centaines de patients aux prises avec des séquelles permanentes graves. Malgré le sérieux de cette situation, elle est peu connue.

Les intervenants refusent généralement de reconnaître toute responsabilité. Comme ils n'ont pas à assumer les frais de justice associés à leur défense, ils peuvent se défendre à armes inégales. En effet, les victimes et leurs proches n'ont d'autre choix pour obtenir compensation ou réparation des dommages que de longs et coûteux recours légaux. Ils doivent courir le risque de supporter dans l'incertitude, pendant des années, des frais de justice élevés et de ne pas avoir gain de cause.

L'exemple suivant illustre la situation. Un règlement est intervenu en 2013 afin d'indemniser les victimes de mauvais traitements reçus à l'Hôpital Saint-Charles-Borromée de Saint-Hyacinthe. Comme ce règlement couvrait la période de janvier 1995 à mars 2006, cela signifie que les victimes et leurs héritiers ont dû attendre plusieurs années avant d'être partiellement dédommagés pour les torts qu'ils ont subis. Ils ont dû en outre assumer les frais juridiques dans l'incertitude quant à l'issue de la cause.

Cet exemple n'est pas isolé. Un cabinet d'avocats de Montréal, celui de Me Jean-Pierre Ménard, un remarquable défenseur des droits des patients, reçoit chaque semaine des dizaines de demandes d'intervention de la part de personnes qui ont subi des préjudices par suite d'erreurs ou d'événements indésirables. Et il ne s'agit pas du seul cabinet qui s'intéresse à cette question.

Les erreurs peuvent entraîner des conséquences allant du simple malaise à l'aggravation de la maladie, à une diminution de la qualité de vie, à l'invalidité et au décès. Comme on peut l'imaginer, dans la grande majorité des cas, les proches des victimes subissent eux aussi des conséquences difficiles à supporter.

Notre système de santé est également touché puisque les erreurs et les accidents provoquent des séjours prolongés à l'hôpital et des dépenses additionnelles élevées. Certains affirment que les événements indésirables sont la cause d'au moins 10 % des hospitalisations. Tout cela coûte très cher en vies humaines, en complications cliniques, en ressources humaines, financières et matérielles et en inquiétude. Une telle situation doit être corrigée. Il s'agit là d'un énorme problème.

Si un patient est victime d'un accident ou d'une erreur, il se retrouve généralement seul. Il se développe même bien souvent de l'hostilité de la part des intervenants à son endroit. Le système de santé ne lui offre aucun recours. Le patient n'a en conséquence d'autre voie que celle du recours judiciaire.

Celui qui s'engage dans cette voie doit démontrer, comme dans toute poursuite en responsabilité civile, la présence d'une faute et prouver qu'il a subi un préjudice découlant de cette faute. Il doit assumer, sans aucune aide, le fardeau de la preuve. Ce qui signifie que, dans un milieu fermé comme celui de la santé, il doit trouver des experts qui acceptent, moyennant des honoraires élevés, de témoigner. Ce déséquilibre est tel qu'il y a quelques années, un juge de la Cour d'appel qualifiait d'insurmontables les obstacles financiers et administratifs. On constate d'ailleurs que la majorité des jugements rendus sont favorables aux médecins.

Les médecins sont des professionnels bénéficiant d'une complète autonomie et qui sont pleinement responsables de leurs actes. Leur statut par rapport à l'assurance maladie et à la prestation des soins dans le système public de santé est celui de travailleurs autonomes. En tant que professionnels, ils ne tolèrent aucune intervention ou ingérence extérieure dans l'exercice de leur profession. En toute logique, ils devraient donc assumer pleinement les conséquences de leurs actes. Or, ce n'est pas le cas.

En effet, une partie de leurs primes d'assurance responsabilité est assumée par le gouvernement en vertu des ententes avec les fédérations médicales et la part des frais de défense que les médecins déboursent est déductible d'impôt. En d'autres termes, les contribuables, qui ne bénéficient d'aucune protection, doivent payer la majeure partie des frais de défense des médecins. La situation est sensiblement la même en ce qui a trait aux poursuites contre les hôpitaux, leurs professionnels et leurs employés.

Le ministère de la Santé ne semble pas conscient du fait qu'il a la responsabilité d'assurer dans notre système de santé un sain équilibre entre les droits et les obligations de chacun. Il ne lui appartient aucunement de favoriser une des parties en cause ou de s'associer à sa défense.

Le problème de la sécurité des patients n'est pas particulier au Québec. D'ailleurs, plusieurs pays ont introduit des mesures visant à réduire le nombre et la gravité des accidents. Les résultats montrent que c'est de toute évidence la voie à prendre. Selon certaines estimations, plus de 50 % des accidents pourraient être évités.

Au Québec, nous nous sommes timidement engagés dans cette voie en 2002. Malgré les données maintenant disponibles, il n'existe toutefois au ministère aucune action concertée pour réduire la fréquence des erreurs et des accidents. Cette négligence m'apparaît totalement inacceptable, pour ne pas dire plus.

Dans de nombreux pays, le droit à la sécurité des patients est clairement reconnu et actualisé. À titre d'exemple, le modèle danois permet de réduire considérablement les recours judiciaires et d'indemniser les victimes sans frais excessifs tout en conservant le principe de la responsabilité. C'est un exemple dont nous pourrions sûrement nous inspirer.

Au Canada, nous faisons exception. La Charte canadienne des droits et libertés et la Loi canadienne sur la santé sont silencieuses sur le droit à la santé. Au Québec, seule la Loi sur les services de santé et les services sociaux comporte des dispositions sur le droit à la santé. Il s'agit d'un droit plutôt limité et imprécis puisqu'il dépend pour son application des ressources disponibles.

Au Québec, pour qu'une culture de respect et d'actualisation du droit à la qualité des soins et à la sécurité des patients se développe, ce dernier devrait, à mon avis, être enchâssé dans la Charte québécoise des droits et libertés de la personne. Les dispositions devraient inclure le droit à un standard de qualité et de sécurité, le droit à des soins pertinents, le droit à une compensation et à la réparation des torts et, tout aussi important, le droit d'être informé. Indirectement, notre système de santé aurait une obligation de résultat.

Un véritable engagement envers la sécurité des patients s'impose à tous les niveaux. Une priorité devrait résolument être placée sur la réduction des erreurs et des accidents. Mettre clairement l'accent sur le patient constituerait une étape marquante dans l'évolution de notre système de santé.

Enfin, quelques mots sur les frais modérateurs. La question refait périodiquement surface et l'on rappelle que je me suis déjà prononcé en faveur de l'imposition de tels frais. C'est exact, mais je crois que ce serait présentement une erreur de le faire.

Les Québécois sont déjà surtaxés. La somme des impôts sur le revenu, des taxes municipales et scolaires, de la taxe de vente fédérale et provinciale et des tarifications pour différents services publics est telle que les travailleurs se sentent, et avec raison, étouffés. D'autant plus que l'on constate que leur rémunération nette, en tenant compte de l'inflation, a peu bougé depuis une trentaine d'années.

Par contre, il serait possible de réduire le niveau des dépenses sans nécessairement diminuer les services. Par exemple, de réduire la consommation excessive de médicaments couverts par l'assurance médicaments. Dans ce cas, ceux qui en utilisent trop présentement ne s'en porteraient que mieux.

Dans le seul secteur de la santé, qui absorbe près de 50 % du budget, une augmentation de la productivité entraînerait dans un délai raisonnable des économies de centaines de millions de dollars. Il existe par ailleurs des programmes plus ou moins utiles qui pourraient être éliminés.

Voilà brièvement pourquoi il serait inopportun d'augmenter les revenus de l'État au moyen de frais modérateurs. La poursuite de l'équilibre budgétaire se situe nettement du côté des dépenses.

7

UNE NOUVELLE PHASE
DE LA VIE

À LA FIN DE MES MÉMOIRES PUBLIÉS EN 2005[6], JE CONCLUAIS
en présentant ma vision de l'avenir dans les termes suivants :

Les questions de population, d'espérance de vie, de
natalité et de mortalité m'ont toujours intéressé. Or,
nous approchons d'un phénomène jamais vu au Québec
et dans les pays développés. En effet, dans environ sept
ans, la population québécoise en âge de travailler non
seulement cessera de croître, mais connaîtra un déclin.
Le gel, voire le recul, de la démographie imposera un
véritable frein à la croissance économique au moment où
les effets du vieillissement de la population se feront
pleinement sentir. Si le déclin n'est pas stoppé, les conséquences risquent d'être désastreuses.

---

6. Claude Castonguay, *Mémoires d'un révolutionnaire tranquille*, Montréal, les Éditions
du Boréal, 2005, p. 259.

Nous nous dirigeons en outre vers un ralentissement de la croissance économique causé, entre autres, par une pénurie de main-d'œuvre, des écarts croissants entre les revenus et les dépenses de l'État et une baisse probable du niveau de vie des personnes. Alors que les dépenses entraînées par les soins de santé et le maintien des revenus des personnes âgées vont connaître une croissance accélérée, les revenus de l'État vont quant à eux stagner. Si l'on compare notre situation à celles de nos voisins canadiens et américains, dont la population et la main-d'œuvre vont continuer d'augmenter, les écarts en notre défaveur vont aller croissant. Si quelqu'un entrevoit une lumière au bout du tunnel, c'est sans doute qu'une locomotive s'en vient…

En toute honnêteté, je n'étais pas le seul à lancer ce cri d'alarme. Malheureusement, on doit constater aujourd'hui que c'était véritablement une locomotive que nos dirigeants politiques n'ont pas voulu voir venir. Ils ont préféré gouverner en ignorant le moyen et le long terme et s'engager dans des promesses irréalistes en vue des élections. Par suite de notre malheureux retard à réagir, le redressement n'en sera que plus difficile. D'autant plus que nous sommes pleinement engagés dans les changements démographiques provoqués par le vieillissement de notre population. Le phénomène est connu, mais, malheureusement, ses implications le sont moins.

LE VIEILLISSEMENT

Le vieillissement de la population est causé par deux grands facteurs. Depuis les années 1960, la proportion des jeunes dans les populations des pays industrialisés a diminué à la suite de la baisse des taux de fécondité. Les populations se sont ainsi mises à vieillir. À cette première cause est venu s'ajouter l'extraordinaire allongement de la vie humaine des dernières décennies qui a fait en sorte que la proportion des personnes âgées est allée croissant.

Tous les pays industrialisés doivent composer à des degrés divers avec ce profond changement. Mais, dans ce concert des nations, le Québec se distingue. En effet, notre population est celle qui vieillit le plus rapidement. Ce phénomène provient du fait qu'après avoir connu le plus haut taux de fertilité – la soi-disant revanche des berceaux –, nous sommes rapidement passés aux plus bas taux.

Le vieillissement de la population constitue un changement majeur qui est en voie de bouleverser, ni plus ni moins, notre vie en société. Sous l'influence nord-américaine qui, la pression du marketing aidant, privilégie la beauté et la jeunesse, la société ignore l'immense potentiel que représentent les personnes qui prennent de l'âge. Contrairement à l'opinion très répandue voulant que l'augmentation du nombre des personnes âgées due au vieillissement ne signifie qu'un fardeau, ce phénomène présente des aspects qui peuvent être fort positifs.

En effet, le phénomène du vieillissement des populations suscite de plus en plus de préoccupations depuis une vingtaine d'années dans les pays occidentaux. Les Nations Unies, l'OMS, l'OCDE et l'Union européenne s'intéressent activement à la question compte tenu de ses multiples implications.

Selon ces organismes, on a traditionnellement associé le vieillissement à la retraite, à la maladie et à la dépendance. Les politiques et les programmes sont demeurés figés dans cette façon de voir dépassée qui ne tient plus compte de la réalité. Le temps est venu pour un nouveau paradigme selon lequel les personnes âgées sont pleinement actives dans la société et contribuent à son développement à titre de participants et de bénéficiaires. Ce nouveau paradigme rejette la perception traditionnelle selon laquelle l'éducation est l'affaire des enfants et des jeunes, le travail celui de l'âge adulte et la retraite celle des personnes âgées.

Au Québec, chaque personne devrait pouvoir mener une existence active satisfaisante, y compris à un âge avancé, que ce soit en travaillant plus longtemps si elle en est capable et en éprouve l'envie ou en étant productif pendant sa retraite par l'exercice d'activités qui ne génèrent pas nécessairement de revenus. La conception d'une vie active est associée de façon positive à nos valeurs d'un point de vue éthique puisque, notamment, elle favorise l'autonomie personnelle, le maintien de la santé, procure des satisfactions et offre une meilleure qualité de vie dans la plupart des cas.

L'autonomie des aînés et le contrôle sur leur vie sont aussi des éléments essentiels au maintien de leur dignité et de leur intégrité. Les personnes âgées en santé constituent en outre une ressource irremplaçable pour leurs familles, leurs communautés et l'économie.

Envisagée sous cet angle, l'idée de demeurer actif malgré l'âge en travaillant plus longtemps, en partant plus tard pour la retraite, en faisant du bénévolat pendant la retraite et en pratiquant des activités saines adaptées à l'âge est essentiellement positive. Le maintien d'une vie active peut améliorer la qualité de vie des personnes, améliorer le bien-être de la société avec une main-d'œuvre plus nombreuse, une productivité accrue et un niveau réduit de dépendance. J'ai été souvent en mesure de constater que plus les aînés sont actifs, plus ils peuvent contribuer.

Des pays ont mis en place des mesures favorisant la participation des travailleurs plus âgés au marché du travail. Il en est résulté une hausse de l'emploi chez ces travailleurs et, en conséquence, de la richesse dans ces pays. Ce qui a eu pour effet de contrer dans une large mesure les effets négatifs du vieillissement tel que nous le vivons au Québec.

Selon les auteurs d'un intéressant dossier publié dans le magazine *The Economist*, maintenir les gens au travail peut les aider à vivre plus longtemps. Toutes choses étant égales par ailleurs, pour un âge donné, les personnes qui demeurent plus longtemps au travail ont des taux de mortalité plus bas que les personnes à la retraite.

Le vieillissement des personnes âgées actives a des effets nettement positifs sur la situation financière des individus et de leurs familles. D'autant plus que le départ à la retraite occasionne généralement une diminution substantielle des revenus. Au Québec, cet aspect est particulièrement important, car plus de la moitié des travailleurs arrivent à la retraite sans pouvoir compter sur des pensions et des épargnes qui leur permettraient de maintenir un niveau de vie compatible avec celui précédant leur retraite.

En songeant à ces questions, nous devons être conscients que les personnes engagées dans le processus du vieillissement font un choix, consciemment ou non, entre demeurer actives et devenir inactives. Le vieillissement inactif constitue certes un choix légitime même s'il a certaines implications, plutôt négatives, sur l'existence des personnes. L'inactivité libère un surcroît de temps qu'à défaut de préparation, un trop grand nombre de personnes emploient à la pratique de loisirs passifs tels que la navigation sur Internet, l'écoute de la télévision et le jeu. L'inactivité a en outre pour conséquence l'élimination graduelle des occasions susceptibles de permettre l'exercice d'activités, rémunérées ou bénévoles, bénéfiques tant pour la santé que pour son accomplissement.

UNE NOUVELLE PHASE DE LA VIE

Au début du siècle dernier, seulement 50 % des nouveau-nés pouvaient atteindre 65 ans comparativement à 93 % aujourd'hui. L'atteinte de cet âge était considérée comme le signal de la retraite, c'est-à-dire la fin de toute activité et le début d'un repos bien mérité. Ce qui avait du sens puisqu'on ne pouvait espérer vivre plus que quelques brèves années après la retraite.

Aujourd'hui, dans les pays industrialisés, la vie comporte une nouvelle phase. Les personnes qui atteignent la soixantaine peuvent continuer de vivre pendant environ 25 années, bien plus que par le passé. La plupart d'entre elles sont dans un état de santé qui leur permet de demeurer actives et en possession de leurs moyens. Il s'agit d'un changement fondamental.

Il n'est pas exagéré de penser que l'ajout d'une nouvelle phase à la vie constitue en réalité une des plus extraordinaires avancées du genre humain. À la condition, évidemment, que notre organisation de vie en société s'y prête et que les gens se préparent en conséquence. Or, tout n'est pas rationnel et les habitudes et les préjugés sont tenaces.

Ceux qui aiment leur travail et leurs occupations peuvent voir cette nouvelle phase de leur vie comme une occasion de demeurer actifs tout en diminuant quelque peu le rythme. De façon générale, les travailleurs veulent demeurer intégrés à un milieu, se sentir utiles et valorisés et, ce qui n'est pas négligeable, arrondir leurs fins de mois. Il en est de même de ceux qui sont engagés dans l'action communautaire ou à titre d'aidants naturels. Cette volonté ne disparaît pas avec l'âge, malgré les malaises et la maladie.

Au cours des 10 prochaines années, le nombre de personnes âgées de 60 et 75 ans augmentera rapidement de 50 % pour atteindre près d'un million et demi d'individus, soit 16,5 % de la population totale. Les aînés constituent donc une composante fort importante de la population québécoise tant sur le plan économique que sur le plan social. De là l'importance de se préoccuper de ce phénomène afin que tous ceux qui le souhaitent demeurent actifs.

On constate d'ailleurs depuis quelques années que les Québécois reportent quelque peu le moment de leur retraite. Le potentiel d'amélioration à cet égard demeure grand et tout indique que cette tendance se maintiendra. Alors que l'âge moyen de la retraite de nos travailleurs est de 60 ans, il est de 62 ans en Ontario et de 65 ans aux États-Unis.

LES OBSTACLES

Il existe de nombreux obstacles à la participation des aînés au marché du travail. Selon un préjugé qui n'a plus sa raison d'être, les travailleurs sont vus négativement dès qu'ils atteignent la cinquantaine et, encore davantage, la soixantaine. La rigidité du marché du travail et le nombre réduit d'années avant la retraite constituent d'autres obstacles à l'obtention d'un nouvel emploi. Viennent s'ajouter à ces derniers facteurs des salaires inférieurs, les départs obligatoires à la retraite, le manque d'information sur les possibilités d'emploi et de sérieuses lacunes sur le plan du recyclage et de la réadaptation.

L'exigence de la recherche d'un emploi, souvent incompatible avec le recyclage d'un travailleur, doit être revue et adaptée aux nouvelles réalités de l'emploi et du travail. De façon particulière, la formation continue et le développement des compétences devront être davantage renforcés et reconnus.

Il faut dire aussi que le marché du travail est de plus en plus exigeant. Au cours des dernières décennies, la mondialisation de l'économie, l'extraordinaire développement de l'économie chinoise et la montée des pays émergents ont complètement bouleversé le contexte de l'emploi dans les pays occidentaux. La délocalisation des emplois et les pressions sur les conditions de travail qui en ont résulté ont des incidences majeures sur les travailleurs et leurs conditions de travail dans l'ensemble des pays développés.

Afin de favoriser leur embauche, les travailleurs doivent être de plus en plus polyvalents et montrer qu'ils peuvent facilement s'adapter. Ce qui, pour des personnes plus âgées, n'est pas nécessairement le cas. Pour ces raisons, plusieurs travailleurs âgés préfèrent quitter le marché du travail et prendre leur retraite.

Enfin, il me semble important d'insister sur la préparation à la retraite. De toute évidence, trop nombreux sont ceux qui négligent totalement de planifier l'arrivée de cette étape. Au cours des dernières années, j'ai malheureusement vu bien des personnes, au terme de carrières réussies, se retrouver perdues et désemparées devant le vide que peut créer la retraite. Quelle tristesse et quelle perte pour la société de les voir vivoter sans buts et sans projets !

LES PRESSIONS SUR LE CONSOMMATEUR

De nos jours, tout incite les gens à consommer le plus possible. Les forces du marketing, de la publicité et les pressions du milieu se conjuguent. Le commerce a transformé les fêtes et les congés en des occasions de dépenser. Il s'est emparé des sports pour en faire des activités qui demandent des vêtements et des équipements spécialisés chers. Le crédit au moyen des cartes et des marges est de plus en plus accessible. L'épargne qui, il n'y a pas si longtemps, était considérée comme essentielle n'a plus guère d'attrait sauf comme moyen de réduire les impôts. Bref, la consommation et l'endettement sont devenus les moteurs de l'économie. À tel point qu'un organisme comme le Fonds monétaire international (FMI) affirme qu'au Canada, nous comptons trop sur la consommation pour stimuler l'économie.

Sous ces pressions qui s'exercent sur tout le monde, plusieurs n'en peuvent plus. La société se voit dans l'obligation de les aider ou de venir à leur secours au moyen de béquilles de toutes sortes – antidépresseurs, secours psychologiques, congés de maladie, etc. Dans le fond, c'est la même approche que pour le jeu dans les casinos. Loto-Québec fait tout pour rendre ses casinos plus attrayants et favoriser le jeu sous toutes sortes de formes. Résultat : plusieurs deviennent accros, se ruinent, tombent en dépression ou se suicident. Comme le gouvernement ne peut freiner cette machine qui lui procure des revenus substantiels, il offre d'autres béquilles pour se donner bonne conscience.

Au lieu d'évoluer vers ce qui devait être la société des loisirs, le rythme de la vie et la conciliation entre le travail et la vie personnelle et familiale me semblent toujours plus exigeants. C'est un peu, beaucoup, le monde à l'envers.

UN EFFORT CONCERTÉ

Les pays scandinaves, la Suède notamment, n'ont pas hésité à innover en réaction à ce nouveau défi. Dans les années 2000, ce pays a réaffirmé sa volonté de continuer à poursuivre sa politique de plein emploi, un objectif fort ambitieux. Aujourd'hui, force est de constater qu'une telle ambition n'était pas utopique. Sa poursuite lui a permis, ainsi qu'à d'autres pays scandinaves, de maintenir un niveau de vie socioéconomique – revenus, taux d'emploi, égalité sociale, productivité et croissance économique – qui se compare avantageusement à la plupart des pays européens.

Nous devrions nous inspirer de l'expérience scandinave. La poursuite de l'équilibre entre l'offre et la demande d'emploi devrait devenir une priorité et un engagement ferme de la part du gouvernement, des employeurs et des syndicats. Il s'agit là d'une condition nécessaire non pas seulement pour des motifs sociaux, mais bien pour un renforcement de l'économie et un maintien de la prospérité sur une base durable et partagée.

Compte tenu de l'importance des enjeux en cause, nous devrions collectivement nous donner des objectifs. À titre d'exemple, l'Union européenne s'est fixé deux objectifs en matière de vieillissement actif: les pays membres doivent viser à faire augmenter de 50% le taux d'emploi des personnes âgées de 55 à 64 ans et à repousser progressivement de cinq ans l'âge du départ à la retraite ou le départ de la vie professionnelle des aînés.

Les aînés constituent un énorme réservoir de connaissance, d'expertise et d'expérience. Un effort concerté devrait être déployé pour mettre pleinement en valeur leur potentiel alors que nous nous engageons dans une période de faible croissance économique.

LA SÉCURITÉ DU REVENU

Au cours des dernières années, la question des pensions a fait couler beaucoup d'encre et suscité des débats plutôt acrimonieux. Les faibles taux d'intérêt ont provoqué d'importants déficits, qui se chiffrent dans les milliards de dollars, dans les caisses de retraite. Devant ces déficits, nombre d'entreprises ont mis fin à leurs régimes ou réduit les garanties de pension. Par contre, dans les secteurs public et parapublic, les régimes de retraite sont demeurés en place et inchangés malgré l'ampleur des déficits et les problèmes de solvabilité qui en résultent.

Présentement, ce sont uniquement les employés des grandes entreprises et ceux du gouvernement, des sociétés d'État, des universités et des secteurs de la santé et de l'éducation qui sont couverts par des régimes de pension. S'ajoutent à ces employés un certain nombre de personnes, à revenus relativement élevés, qui contribuent à des REER en prévision de leur retraite.

Cette situation fait en sorte que plus de deux millions de travailleurs n'ont pas de régimes de pension. Ils se dirigent vers la retraite, protégés uniquement par la pension de la sécurité de la vieillesse et le Régime de rentes du Québec. Ce qui signifie que la majorité de ces travailleurs vont subir de fortes baisses de leurs revenus à leur retraite.

L'arrivée à la retraite d'une grande partie des travailleurs de la classe moyenne avec des revenus nettement insuffisants contribuera à l'augmentation des inégalités économiques et sociales. Une telle perspective va nettement à l'encontre de la solidarité nécessaire entre les générations.

De plus, nous sommes confrontés à un sérieux problème d'équité puisque les travailleurs sans régimes de retraite doivent contribuer par leurs impôts et leurs taxes au financement des généreux régimes de pension des employés de l'État. Pour la plupart, comme nous l'avons vu plus tôt, ils peinent à joindre les deux bouts.

En d'autres termes, malgré les hauts cris et les manifestations organisées par les syndicats dans le secteur public, le sort des deux millions de travailleurs sans régimes de retraite constitue la question la plus importante en matière de pension. Cette brèche dans nos politiques sociales doit, malgré l'état de nos finances publiques, être colmatée.

Malheureusement, il existe peu d'options. L'extension du Régime de rentes du Québec qui en théorie peut paraître souhaitable aurait pour effet de doubler les cotisations déjà élevées des travailleurs, des employeurs et des travailleurs autonomes. Dans le contexte de concurrence avec les employeurs des nouvelles économies qui n'assument aucune charge sociale, ce serait se tirer dans le pied.

Le gouvernement Harper et les gouvernements provinciaux, y compris le Québec, ont pris une autre voie. Toutes les entreprises qui n'ont pas de régimes de retraite devront, au cours des prochaines années, créer un régime volontaire d'épargne retraite (RVER). Les employés seront tenus de contribuer avec, toutefois, l'option de se retirer du régime. Ceux qui auront choisi de contribuer à un RVER pourront retirer leurs épargnes accumulées avant leur retraite. L'employeur pourra contribuer sur une base purement volontaire.

Il s'agit en définitive d'une forme de REER collectif. Or, depuis de nombreuses années, de grands efforts ont été déployés sans succès pour stimuler la création de ce genre de régime. En effet, les revenus de retraite provenant de REER individuels et collectifs demeurent marginaux, soit environ 7%. Pourquoi, si on ne change rien, la même approche fonctionnerait-elle maintenant?

Il ne reste en somme qu'une seule option si l'on veut éviter que les travailleurs sans régimes de retraite soient dans la position de dépendre de l'aide financière de l'État à leur retraite : celle de l'épargne obligatoire. Au lieu, toutefois, que les employeurs soient tenus de cotiser comme dans le Régime de rentes du Québec, ce serait l'État qui le ferait.

Les travailleurs sans régimes de retraite seraient tenus de cotiser à compter de 35 ans à un régime d'épargne retraite. Ils auraient au départ l'option de se retirer au moyen d'une renonciation aux avantages du régime. L'État verserait dans les comptes individuels des travailleurs des cotisations égales à 25%, ou davantage, de celles des travailleurs. Ces cotisations, en plus d'inciter les travailleurs à épargner, auraient pour effet de corriger la situation inéquitable dans laquelle ils se trouvent présentement.

Malgré les contraintes budgétaires, le gouvernement serait pleinement justifié de cotiser, sans quoi il serait éventuellement appelé à combler, à des coûts beaucoup plus élevés, l'insuffisance des revenus des travailleurs à la retraite.

En conclusion, pour que la dernière phase de la vie prenne pleinement son sens, la société doit se doter de moyens pour que les personnes qui le souhaitent puissent demeurer actives et bénéficier d'une sécurité adéquate du revenu à la retraite.

TROISIÈME PARTIE
L'ARRIÈRE-PLAN

8

L'ÉCONOMIE DE MARCHÉ

L'ÉCONOMIE OCCUPE UNE PLACE PRÉPONDÉRANTE DANS LE fonctionnement de notre société et dans nos vies. Si on atteint un bon niveau d'emploi et que la population bénéficie de la croissance économique, tout devient possible, en apparence à tout le moins. Mais si l'économie entre en récession et que le niveau d'emploi baisse, les problèmes surgissent de toutes parts. Comme les sondages en témoignent périodiquement, les gens en sont bien conscients et placent l'économie au sommet de leurs préoccupations. Bill Clinton n'avait-il pas vu juste en faisant de l'économie – *It's the economy, stupid!* – son slogan électoral en 1992?

L'économie est une question fort complexe, à tel point qu'une science porte son nom. C'est une science en pleine évolution, tout comme le monde dans lequel nous vivons. Comme il ne s'agit pas d'une science pure, elle est loin de faire l'unanimité. Les divergences entre économistes peuvent être profondes. Songeons seulement au fait que la différence fondamentale entre le socialisme et le capitalisme est de nature économique.

C'est cette divergence économique qui a déchiré le monde entre le communisme et le capitalisme, entre l'Est et l'Ouest. Plus près de nous, c'est l'opposition entre la gauche et la droite.

Pour le citoyen qui est souvent appelé à faire des choix ou à se prononcer sur des enjeux majeurs impliquant des aspects économiques, il n'est pas facile de s'y retrouver. C'est dans cette perspective que j'ai estimé utile de traiter ici d'économie non pas comme un spécialiste de la question, mais comme un simple membre de la collectivité.

Nous vivons au Québec dans une économie de marché. Cet état de fait fondamental est loin de faire l'unanimité. Certains ne jurent que par elle tandis que d'autres y voient la cause de tous les maux. Que l'on en soit un tenant ou un adversaire, l'économie de marché est incontournable : qu'en est-il ?

Dans le climat de morosité actuelle, nous avons tendance à oublier que nous sommes privilégiés. Les sociétés industrialisées ont atteint un niveau élevé de production de biens et de services. Nous vivons dans un contexte d'abondance de biens de consommation jamais égalé dans le passé. Les magasins d'alimentation regorgent de produits, les cours des concessionnaires automobiles sont archipleines, les magasins de vêtements pullulent, l'offre de loisirs ne cesse d'augmenter et de se diversifier (clubs de vacances, croisières, bars, restaurants, casinos, etc.), les appareils numériques et électroniques sont omniprésents : partout et dans tout, c'est l'abondance.

Mais cette abondance ne se transpose pas nécessairement en élévation de la qualité de vie. Le contraste entre le niveau de richesse et les tensions sociales dans de nombreux pays le démontre clairement. Les États-Unis sont sans contredit le pays où on trouve la plus grande richesse et le niveau le plus élevé de consommation. C'est en même temps dans ce pays qui privilégie l'individualisme que coexistent les plus grandes inégalités sociales et raciales et un niveau élevé – et bien souvent intolérable – de tension sociale et de violence. C'est en contrepartie dans les pays plus égalitaires et moins engagés dans la croissance tous azimuts – tels les pays scandinaves, le Canada et le Québec – que l'on retrouve le moins de tension et de violence.

Plus important encore, il est clair que les inégalités économiques, même dans un pays riche, provoquent les mêmes effets indésirables sur le plan social que dans les pays pauvres. Être pauvre dans un pays riche, même si en apparence c'est plus « endurable », produit les mêmes réactions et les mêmes comportements que dans les pays moins riches ou plus pauvres.

Enfin, la théorie selon laquelle la consommation des plus riches produit une amélioration des conditions de vie des classes inférieures en matière d'emploi et de revenu ne se confirme nulle part. Cette théorie, chère aux radicaux de la droite américaine, n'apporte rien aux personnes à faibles revenus ou sous le seuil de la pauvreté.

Ces constatations qui tombent sous le sens sont confirmées par plusieurs études et essais à la fois rigoureux et objectifs. À ceux qui doutent de leur bien-fondé, je recommande la lecture d'un récent livre intitulé *L'égalité, c'est mieux* suivi d'un sous-titre on ne peut plus éloquent : *Pourquoi les écarts de richesse ruinent nos sociétés*[7].

La simple croissance économique n'est pas synonyme d'amélioration de la qualité de vie. Passé un certain niveau de richesse collective, la seule poursuite de la croissance et de la consommation n'ajoute rien à la qualité de vie et au bonheur d'un peuple. Ce constat me semble évident.

Notre système économique trouve ses fondements dans l'économie de marché et dans le capitalisme. Le capitalisme

---

7. Richard Wilkinson et Kate Pickett, *L'égalité c'est mieux*, Montréal, Écosociété, 2013.

équilibré des années d'après-guerre a permis d'élever considérablement le niveau de vie des pays occidentaux et du Japon. En contrepartie, les pays dont les économies étaient planifiées et gérées par l'État – l'URSS et les pays de l'Europe de l'Est – ont connu un échec retentissant, à tel point que la santé des populations et leur espérance de vie se sont détériorées! Pendant ce temps, les pays industrialisés, animés par l'économie de marché, ont fait des gains absolument extraordinaires au chapitre de la santé et de la longévité.

Aucun autre système ne peut rivaliser avec l'économie de marché ou lui faire contrepoids. Au contraire, partout dans le monde on s'engage dans cette voie. La Chine et la Russie, ces ex-champions du socialisme et du communisme, ouvrent la marche de façon agressive et sans aucune gêne. Les pays scandinaves, les pionniers de la social-démocratie, tirent leur épingle du jeu de façon remarquable grâce au capitalisme et à l'économie de marché. Même Cuba est engagé dans une phase de transition. Il ne reste que la Corée du Nord, qui, semble-t-il, tient à montrer à la face du monde l'échec du socialisme. Bref, personne n'échappe à l'économie de marché.

Mais qu'est-ce qui fait que ce système, si honni par plusieurs et qui suscite tant de méfiance, semble irrésistible?

Depuis son apparition, il est évident que c'est le système qui a apporté aux pays occidentaux une élévation du niveau et de la qualité de vie à tous égards. Par contre, il existe un fait incontesté: refuser de s'engager dans l'économie de marché signifie, pour un pays, prendre la voie de l'échec et de la décroissance.

Chez nous, même si nous n'en sommes pas toujours conscients, notre culture est empreinte de valeurs sous-jacentes à l'économie de marché. Une culture qui met l'accent sur la liberté, le droit de propriété, la créativité et l'individualisme. Un environnement qui fait une large part aux valeurs qui prédominent dans le secteur privé de l'économie, soit l'initiative, le travail et la concurrence.

Par contre, il existe un sentiment largement répandu au Québec selon lequel la recherche du profit est le moteur principal qui anime les entreprises et que l'intérêt de la collectivité passe loin derrière lorsqu'il n'est tout simplement pas oublié. Notre système économique ne tient guère compte non plus du fait que les individus n'ont pas tous la même capacité, loin de là, de fonctionner efficacement dans ce monde de la concurrence. C'est un système qui est dur.

Ce sont ces aspects du capitalisme et de l'économie de marché qui ont produit au cours des dernières décennies une forte concentration de richesse dans la plupart des pays occidentaux, et particulièrement aux États-Unis. Ces écarts dans les niveaux de revenus entre riches et pauvres et entre les régions ne cessent malheureusement de grandir.

Ils sont la cause principale des tensions et des soulèvements qui agitent et secouent les populations sur tous les continents. Le monde n'a jamais été aussi riche, mais également jamais aussi peu solidaire. Alors que la richesse croît, les écarts entre les plus riches et les plus pauvres continuent d'augmenter. On compte ainsi, dans la riche Europe, quelque 50 millions de pauvres. Selon le Forum économique mondial, qui n'est sûrement pas un mouvement de gauche, la disparité des revenus constitue un des plus importants facteurs de risque pesant sur l'humanité.

Le mouvement Occupy, qui est né spontanément à New York et qui a fait boule de neige, a mis en lumière le fait que 1 % de la population détient une part disproportionnée, pouvant aller jusqu'à 25 %, de la richesse collective. Cette situation crée un sentiment de profonde injustice au sein des populations qui ne peut que s'intensifier si rien ne change. Soit dit en passant, le phénomène de l'écart grandissant dans les revenus est loin d'être aussi accentué au Canada, et particulièrement au Québec.

Winston Churchill avait bien illustré le problème en affirmant que «le vice inhérent au capitalisme consiste en une répartition inégale des richesses» et que «la vertu inhérente au socialisme consiste en une égale répartition de la misère».

On reproche aussi, avec raison selon moi, à notre système économique d'être trop axé sur la production de biens de consommation. En fait, la capacité de production dans les pays occidentaux excède nettement et visiblement la capacité de consommer de leurs populations. On assiste à un énorme gaspillage alors que de nombreuses personnes, même chez nous, ont faim ou souffrent de malnutrition. Entre 30 % et 50 % de la nourriture produite dans le monde serait gaspillée.

Une pression constante s'exerce sur les individus pour qu'ils consomment toujours davantage afin de stimuler l'économie. Avec comme résultat, malgré tous les avertissements, que l'endettement de la classe moyenne est de plus en plus élevé.

Par contre, les services de santé et d'éducation, la culture et la protection de l'environnement sont perçus comme des fardeaux qui freinent l'économie. Ce qui oblige les gouvernements à déployer d'énormes efforts afin de ralentir la croissance des dépenses dans les secteurs d'activité à caractère social et culturel. Les pays scandinaves font la démonstration que cette façon de faire est tout à fait malavisée et contre-productive.

La plupart des pays se sont vus forcés par le FMI et les grandes banques européennes de prendre des mesures hautement impopulaires pour équilibrer leurs finances et relancer leur économie. La Grèce et l'Espagne se sont enfoncées dans un profond marasme et ont été obligées de faire des mises à pied d'une ampleur jusqu'ici inégalée et de sabrer les programmes sociaux. Les dégâts provoqués par la crise de 2008 sont immenses et n'en finissent plus. Le fait que l'Union européenne comptait encore, cinq ans après sa création, quelque 26 millions de chômeurs montre sa profondeur. Des situations explosives!

À un autre niveau, on doit constater que notre système économique fonctionne en dents de scie. Les périodes de croissance alternent avec les périodes de récession. Ce qui est particulièrement inquiétant, c'est que les récessions sont de plus en plus longues et que leur sévérité s'accentue. La dure récession de 2008 a fortement affecté tous les pays du monde qui peinent encore à s'en remettre.

On s'entend de façon générale sur les causes de cette récession. Sa gravité découle de la déréglementation de la finance, de la cupidité des financiers, d'une inquiétante baisse généralisée de l'éthique et de l'irresponsabilité des dirigeants qui, les yeux rivés sur le court terme, ont préféré ne rien voir venir.

Au chapitre des systèmes financiers, la déréglementation de l'ère Thatcher-Reagan a été perçue comme une libération salutaire. Malheureusement, on se rend compte maintenant qu'elle a permis à la haute finance de placer l'économie des pays occidentaux à son service. À moins de changements qui tardent à venir, le phénomène de l'économie au service de la finance va aller en s'accentuant.

C'est dans ce contexte de déréglementation que la bulle immobilière s'est gonflée aux États-Unis. Elle a été alimentée par l'octroi d'hypothèques excessives camouflées dans des emballages cachant leur mauvaise qualité et vendues avec la bénédiction des agences de notation. La déréglementation a aussi encouragé la mise en marché de produits hautement spéculatifs et nocifs pour les épargnants. Les intermédiaires responsables de ces produits, en situation de conflit d'intérêts mais aveuglés par leur rémunération scandaleuse, ont accéléré la débâcle des marchés financiers. Ce sont ces excès — et non le système économique — qui ont provoqué la récession qui n'en finit plus de causer des dégâts.

Un autre constat se dégage de cette crise. La consommation comme moteur de la croissance a pris une telle importance qu'elle produit des effets nettement indésirables. Elle provoque un déséquilibre entre la production des biens matériels de consommation et la production de biens publics en matière de santé, d'éducation, de formation et de recyclage de la main-d'œuvre, de protection de l'environnement et d'exploitation durable des ressources naturelles. Elle a aussi pour effet de réduire l'épargne pourtant si nécessaire au sein de la classe moyenne.

Combien de pays ont-ils ainsi perdu une large part de leur souveraineté et de leur autonomie et dû se plier aux exigences des marchés financiers, des agences de notation et du FMI ? Pour éviter les faillites des banques provoquées par les excès de la finance et l'irresponsabilité des gouvernements, on a imposé d'énormes sacrifices aux citoyens de ces pays. Il faut bien se rendre à l'évidence : nombre de pays — et pas seulement la Grèce, l'Espagne et le Portugal — voient ainsi leur liberté d'action limitée. Et cela ne produit pas les résultats escomptés.

Devant cette double réalité, plusieurs croient que le capitalisme doit être rejeté. Comme ils n'ont pas de solutions crédibles à proposer, ces voix demeurent heureusement celles d'une minorité. Chez nous, plusieurs continuent, en se présentant comme des tenants de la gauche, d'adhérer à la philosophie socialiste. C'est de bon ton dans le milieu syndical, dans celui de l'enseignement et chez bien des artistes. La discipline et l'épargne sont dénoncées comme des manifestations de la droite, donc à rejeter puisque rétrogrades, néfastes et contre les intérêts de la population.

Selon Klaus Schwab, le fondateur du Forum économique mondial de Davos, le capitalisme s'est déséquilibré à la suite du mouvement de déréglementation lancé par Margaret Thatcher et Ronald Reagan. Le système capitaliste dans sa forme actuelle ne convient plus et doit être réformé.

Au cours des dernières années, un large consensus s'est développé en ce sens. Non seulement les failles doivent-elles être colmatées, mais, tout aussi important, il faut que la croissance soit plus équilibrée entre l'économique, le social et le durable. Qu'elle soit moins cyclique et en dents de scie afin de réduire les effets dévastateurs des récessions.

Toujours d'après Klaus Schwab, nous devons abandonner les excès du capitalisme et revenir à une économie de marché dans laquelle la responsabilité individuelle et l'engagement social ne sont pas de vains mots.

Il faut aussi, pour être acceptable dans une société évoluée et démocratique, un ensemble de politiques à caractère social. Ces politiques, absolument essentielles, doivent poursuivre un ensemble d'objectifs que le capitalisme et l'économie de marché ne peuvent atteindre. Elles doivent contrebalancer, dans la mesure du possible, les effets négatifs de l'économie de marché sur la société et les personnes.

Les objectifs sont nombreux: atténuer les effets négatifs sur l'emploi et les revenus des cycles économiques, assurer le maintien d'un niveau acceptable de revenus face aux risques de maladie et d'invalidité, réduire les écarts de revenus, améliorer la distribution et la sécurité des revenus, maintenir un niveau de revenus adéquat à la retraite et réduire la pauvreté. Les politiques et les programmes doivent permettre aux travailleurs de se recycler, d'acquérir de nouvelles compétences en cas de délocalisation de leurs emplois et de la disparition de leurs métiers. Ces politiques et ces programmes doivent aussi tenir compte du fait que nombre de personnes ne sont pas aptes, physiquement ou psychologiquement, à participer pleinement au dur marché du travail de l'économie de marché. Tout cela en vertu des principes d'équité, de solidarité et de mutualisation des risques essentiels au maintien de la cohésion sociale.

Tout comme le disait aussi Churchill au sujet de la démocratie, l'économie de marché est un mauvais système, mais elle est le moins mauvais de tous les systèmes. Nous devons nous en accommoder. Il ne sert à rien de le rejeter ou de l'ignorer. Il faut en maximiser les avantages bien réels et minimiser ses aspects négatifs qui sont également bien évidents. En définitive, malgré les limites de l'économie de marché, nous n'avons pas le choix comme collectivité et nous ne pouvons y échapper. Il serait dans notre intérêt de faire consensus sur cette question fondamentale.

Pour mieux comprendre où nous en sommes, un retour en 1989 me semble nécessaire. Le mur de Berlin vient de s'écrouler, réduit en miettes et en souvenirs pour les touristes. C'est de toute évidence la fin de la guerre froide, ce long conflit entre l'empire soviétique et le monde occidental. C'est la victoire du capitalisme, ce système qui semble capable d'assurer la stabilité et de produire la prospérité. C'est l'échec du socialisme qui, lui, n'a répandu que la misère et s'est révélé incapable de survivre autrement que sous d'impitoyables dictatures. C'est aussi la fin du communisme, ce système politique issu de la révolution bolchévique qui avait donné espoir aux classes ouvrières de vivre dans un monde plus juste et plus égalitaire.

L'échec évident du communisme marquait la fin d'une époque. Pour la première fois depuis la fin de la Seconde Guerre mondiale, les grands conflits semblaient des choses du passé. Une ère de stabilité, de paix et de progrès venait de s'ouvrir. Tous les espoirs semblaient permis.

Les États-Unis étaient sans conteste la première puissance mondiale sur les plans économique, politique et militaire.

Aujourd'hui, 25 ans plus tard, nos voisins ont peine à sortir de la profonde récession de 2008 qu'ils ont eux-mêmes provoquée. Le chômage y est demeuré élevé et tenace. Au début de 2013, quelque 22 millions de travailleurs se cherchaient encore un emploi. La richesse est de plus en plus accaparée par les personnes les plus nanties pendant que la classe moyenne stagne ou régresse. La pauvreté, qui touche de plus en plus d'enfants, ne cesse de croître.

Malgré le regain de l'économie en 2014, nos voisins américains demeurent profondément divisés sur la voie à prendre pour l'avenir. Deux orientations incompatibles divisent les opinions. Doit-on stimuler l'économie et augmenter les revenus de l'État afin de réduire les énormes déficits et la croissance de la faramineuse dette publique ? Ou doit-on plutôt comprimer les dépenses publiques, même au besoin dans les programmes sociaux, et réduire les impôts ?

Il faut bien le constater, ce grand pays n'a plus l'autorité morale qui lui a permis d'être un leader admiré et le modèle durant les décennies d'après-guerre. S'il continue de s'imposer, même si les causes de la dernière récession n'ont pas été corrigées, c'est en grande partie en raison de son immense force militaire qui dépasse celle de tous les autres pays de la planète réunis. On constate d'ailleurs que l'approche militariste dans la résolution des conflits prend toujours en fin de compte le pas sur la diplomatie et la voie politique.

Le second grand bloc, l'Union européenne, qui semblait encore récemment une grande réussite, fait face à de graves problèmes. Au début de 2013, pas moins de 26 millions de personnes étaient en chômage sans grand espoir de trouver du travail. Dans certains pays du sud de l'Europe, un jeune sur deux était condamné à l'oisiveté et végétait sans perspective d'avenir. Pas moins du quart de la population européenne est aux prises avec la pauvreté, du jamais vu depuis la dépression des années 1930. Pour pouvoir faire contrepoids aux États-Unis et à la Chine, l'Union européenne n'a plus le choix, elle va devoir tôt ou tard opter pour le fédéralisme.

L'Allemagne domine l'Union européenne. Ce n'est pas un hasard. L'explication est simple : elle a su garder ses finances publiques en bon état et maintenir des politiques à la mesure de ses moyens. En d'autres termes, l'Allemagne a adopté la voie de la stabilité et un niveau de discipline que la population a acceptés. Son taux de chômage est deux fois moins élevé que celui des autres pays de l'Union et ses coûts sur ses emprunts sont de loin les plus bas.

Les autres pays de l'Union européenne se partagent entre ceux dont les populations ont accepté de prendre des voies similaires (tels les pays scandinaves) et ceux (telles la France et l'Italie) qui se sont butés à la résistance de leurs populations. Les premiers continuent leur marche vers la stabilité tandis que le marasme et la déprime dominent chez les seconds.

En passant, je ne peux m'empêcher de faire un lien avec notre propre situation, au Québec. Nous sommes présentement confrontés à ce même choix fondamental entre, d'une part, la rigueur et la discipline et, d'autre part, l'ambivalence et la fuite en avant.

Pour compléter ce tableau, nous devons tenir compte du rôle fondamental rempli par les politiques sociales dans les pays occidentaux industrialisés. Pour ce faire, il faut retourner cette fois au krach du 29 octobre 1929.

La bourse new-yorkaise de Wall Street est en voie de s'effondrer. La valeur des actions des entreprises baisse de 40 %. Cet énorme krach, résultat d'une concentration excessive de la richesse au sommet de la pyramide, provoque la plus grave crise économique du 20e siècle. Elle se propage rapidement au monde entier et l'entraîne dans une dépression marquée par une augmentation massive du chômage et de la misère. Son ampleur est telle qu'elle provoque de profondes transformations sociales et politiques, soit l'émergence de l'Allemagne nazie et la propagation du communisme dans des pays comme la France et l'Italie.

Au cours des années 1930, dans mon enfance, j'ai vu de près la grande misère engendrée par cette terrible dépression. À l'école que je fréquentais, plusieurs des élèves de ma classe venaient de familles dont les pères étaient en chômage et vivaient sans espoir de jours meilleurs. Il faut se souvenir que l'assurance chômage et l'assistance sociale n'existaient pas. Il y avait seulement les secours directs, une forme d'aide de dernier recours à la fois minime et arbitraire. Toute ma vie, je me suis souvenu de ces enfants et camarades de classe mal vêtus, souvent amorphes et vivant dans la misère.

Puis, en septembre 1939, la situation change brusquement. Le Canada déclare la guerre, à la suite de la France et de la Grande-Bretagne, à l'axe composé de l'Allemagne d'Hitler et de l'Italie de Mussolini. Grâce aux emplois créés au Canada par l'effort de guerre et à l'entrée de milliers d'hommes et de femmes dans les Forces armées, la misère disparaît graduellement et une certaine prospérité s'installe.

Le discours de plusieurs, qui affirmaient que sous le capitalisme seule la guerre pouvait créer la prospérité, me troublait. Je ne pouvais pas croire que pour prospérer, il fallait s'entretuer. Je me souviens aussi de ma difficulté à concilier l'idée d'un Dieu bon et miséricordieux avec les massacres et les horreurs de la guerre.

Par ailleurs, la publication en 1942, en Grande-Bretagne, du rapport Beveridge ne manqua pas d'attirer mon attention. Ce rapport, préparé à la demande du gouvernement du premier ministre Churchill, visait à donner espoir à la population en un avenir meilleur après la fin du conflit. Après plus de deux années de guerre, il croyait, avec raison, nécessaire de soutenir le moral des Britanniques durement éprouvés par le rationnement et les terribles bombardements.

Le rapport de William Beveridge avait pour double objectif de permettre la stabilisation de l'économie au moyen de programmes sociaux assurant une distribution plus équitable de la richesse, et de procurer une protection contre les risques sociaux du chômage, de la maladie et de la retraite. Selon Beveridge, il était possible de créer la prospérité de façon pacifique dans une économie de marché. Il est intéressant de rappeler que dès 1942, le Parlement canadien s'est engagé dans cette voie en créant le régime d'assurance chômage.

Quelques années plus tard, lorsque les assurances sociales sont apparues au programme de mes études actuarielles, elles ont retenu mon attention de façon particulière. Ces idées me fascinaient. J'y ai vu un extraordinaire moyen d'atteindre de vastes objectifs sur les plans économique et social et la possibilité de développer un monde bien meilleur que celui d'avant-guerre, dont le souvenir était encore frais à ma mémoire.

Les politiques sociales ont depuis fait énormément de chemin. Ce n'est pas mon intention de traiter la question dans le détail, mais il me semble important de bien situer ces politiques et les grands programmes sociaux dans l'organisation et le fonctionnement de notre société.

Aujourd'hui, les pays occidentaux maintiennent un ensemble de mesures poursuivant chacune un objectif spécifique. En tête de liste se trouvent les mesures pour assurer une répartition plus équitable des revenus. Au niveau fédéral canadien, sous l'influence de politiques d'origine britannique, les grandes mesures sont la sécurité de la vieillesse, l'assurance emploi, les impôts progressifs et les exemptions en fonction des revenus et le Supplément de revenu garanti.

Au niveau québécois, on trouve les programmes destinés à protéger les citoyens par des régimes publics, coopératifs ou privés contre les principaux risques liés à la vie, tels les accidents, les maladies aiguës et chroniques, l'invalidité et la perte d'autonomie. Un troisième grand bloc a pour objet la protection contre les éventualités et les risques inhérents à une société industrialisée, comme les accidents du travail et la retraite.

Enfin, le Québec se distingue par la présence d'un fort mouvement coopératif dans plusieurs secteurs de son économie et dans le développement de l'économie sociale. Dans le contexte actuel où les liens traditionnels avec la famille et la communauté sont largement disparus, leur présence originale en complément de l'économie de marché est riche en promesses.

L'ensemble des politiques sociales joue un rôle essentiel en faisant appel à des principes de solidarité et d'équité nécessaires au maintien d'un équilibre acceptable au sein d'une société développée. Les assurances sociales constituent un élément fondamental sans lequel une saine cohésion au sein de la société ne saurait exister. Elles doivent cependant respecter les principes propres aux assurances, soit le champ d'application (qui sont les assurés), la définition de la couverture et la source de financement du programme. Autrement, les programmes sociaux risquent fort de devenir des composantes d'un État-providence socialisant qui pèse sur l'économie et freine sa croissance.

Plusieurs leçons se dégagent de ce qui précède. Certaines ont une importance primordiale.

- Un sain équilibre doit être maintenu entre, d'une part, les libertés individuelles et, d'autre part, la solidarité entre les membres de la société.

- Un mariage de raison doit exister entre les exigences de la croissance de l'économie et celles du développement social et culturel et de la protection de l'environnement.
- La poursuite d'un progrès équilibré exige rigueur et discipline dans la poursuite d'objectifs auxquels la majorité de la population adhère.

Il faut rejeter ces croyances, si populaires chez nos voisins américains, selon lesquelles l'économie de marché est capable de tout résoudre et que l'avancement matériel personnel est la valeur la plus fondamentale.

9

DES LEÇONS DE L'HISTOIRE

« Si nous voulons être les acteurs responsables de notre avenir,
nous avons d'abord un devoir d'histoire. »
— L'historien Antoine Prost

CHAQUE PAYS A SON HISTOIRE PONCTUÉE D'ÉVÉNEMENTS
marquants, de faits d'armes et de symboles. Dans une bonne
mesure, c'est l'histoire d'un pays qui conditionne son cheminement et son évolution. Elle cimente les liens entre les citoyens
en les identifiant avec leur pays ou leur nation. Elle est source
de fierté, d'attachement et de patriotisme.

Nos voisins américains sont immensément fiers de leur pays
et manifestent ouvertement leur patriotisme. Il faut dire que
leur histoire est remarquable. Ce sont eux qui, en 1776, ont été
les premiers de l'ère moderne à mettre fin à la dictature d'une
royauté. Leur guerre de l'Indépendance contre la Grande-
Bretagne fut longue, dure et meurtrière. C'est au terme de ce
conflit que la première république des temps modernes, les
États-Unis d'Amérique, fut créée.

Malgré des débuts difficiles et risqués, nos voisins ont créé un grand peuple, un grand pays et l'économie la plus puissante au monde. L'histoire des Américains a été ponctuée d'impressionnantes victoires et d'extraordinaires réussites dans tous les domaines. Il est facile de comprendre la fierté des Américains et leur attachement à leur pays. Aux États-Unis, le 4 juillet est sacré.

La France fait également partie des pays qui ont une histoire illustre et forte en événements exceptionnels. Ainsi, quelques années seulement après la naissance des États-Unis, elle fut à son tour plongée dans une spectaculaire révolution qui mit fin à la monarchie à la tête du pays.

La stabilisation de la situation fut longue et pénible. Une série de faits marquants ont ponctué cette période. La création du Premier Empire par Napoléon et ses grandes conquêtes sont sûrement les plus célèbres. Ces événements furent suivis de la Restauration, du Second Empire et finalement, tout comme aux États-Unis, de la création d'une république.

La République française est devenue le symbole de la liberté dans son sens le plus large. Les Français peuvent aussi s'enorgueillir d'avoir été le foyer du siècle des Lumières. Ils sont fiers de leur langue et de leur culture et ils souhaitent continuer d'exercer une influence positive dans le monde. Pour eux, l'anniversaire de la prise de la Bastille, le 14 juillet, est également sacré.

Le Canada se distingue aussi, mais de façon bien différente, soit du fait qu'il compte non pas une mais deux histoires. D'une part, il y a l'histoire des Canadiens d'origine française dont le début remonte à la création de Québec, en 1608. D'autre part, il y a l'histoire des Canadiens anglais qui a commencé en 1759 par la victoire des Plaines d'Abraham. D'un côté, l'histoire d'un peuple conquis, de l'autre l'histoire d'un peuple victorieux.

L'histoire du Canada n'a commencé qu'en 1867 à la suite de l'accord conclu à Charlottetown entre les quatre colonies britanniques – l'Île-du-Prince-Édouard, le Nouveau-Brunswick, l'Ontario et le Québec – qui ont refusé de suivre les Américains dans leur marche vers l'indépendance.

C'est en vertu de cet accord, et non d'un événement ayant valeur de symbole, que la fédération canadienne est née. De plus, contrairement à une croyance répandue à l'origine, il ne s'agissait pas d'un accord entre deux peuples fondateurs, mais de la création, sans consultation de la population, d'une fédération dans laquelle toutes les entités étaient placées sur le même pied.

C'est cette fédération qui a évolué pour devenir le pays qu'est le Canada. Un pays prospère qui a acquis une excellente réputation à l'échelle internationale. Les anglophones, qu'ils soient de descendance anglaise, écossaise, celte ou irlandaise, sont fiers de leur pays. Le 1er juillet, ils célèbrent sobrement l'anniversaire du Canada.

L'histoire des francophones est bien différente. C'est celle d'un peuple qui a été conquis et abandonné par une mère patrie dirigée par un roi mégalomane et par ses élites.

Depuis 1867, l'histoire des francophones au Canada est celle d'un petit peuple qui, à forces inégales, a résisté à l'assimilation et s'est développé à force de ténacité. Les rapports entre francophones et anglophones ont péniblement évolué et le statu quo s'est installé.

Au lieu de reconnaître pleinement l'existence de la nation québécoise, le Canada anglophone a accepté graduellement des changements et des accommodements qui confèrent au Québec un statut distinct non officiel de celui des autres provinces. De leur côté, les Québécois ont accepté majoritairement de poursuivre, sans oublier les leçons de leur histoire, leur développement au sein du Canada.

Cette histoire longue de 250 ans est ancrée dans la mémoire collective des Québécois francophones et explique la présence tenace du mouvement indépendantiste. Sans refuser de marquer le 1er juillet, c'est le 24 juin que les Québécois francophones célèbrent ce qu'ils considèrent comme leur véritable fête nationale. Ce qui fait en sorte que, contrairement aux autres pays, nous avons au Canada deux fêtes nationales.

Il n'est guère possible de voir ce qui, présentement, pourrait changer l'ordre établi. Aussi vaut-il mieux voir la réalité telle qu'elle est et envisager la suite des choses dans une perspective d'avenir tout en maintenant la même détermination et la même persévérance que par le passé. D'ailleurs, au lieu de ne voir que le côté difficile de nos rapports avec le Canada anglophone, nous devons reconnaître que c'est au sein du Canada que le Québec a progressé et développé une société dont nous pouvons être fiers.

De toute façon, la majorité des Québécois francophones vit de plus en plus comme si le Québec était une entité politique autonome. L'analyse que fait le respecté politologue Louis Balthazar dans un récent livre décrit bien la situation actuelle[8] :

> On partage de moins en moins avec le reste du Canada, du moins sur le plan politique. Pour autant, la constitution canadienne n'a pas changé, mais elle ne suscite guère d'adhésion au Québec et aucun parti ne parle de ratifier le document de 1982, même si les Québécois y sont toujours légalement soumis. À observer la vie politique québécoise en regard de celle des autres provinces, on croirait bien que le Canada n'est pas véritablement une fédération. J'oserais dire que les Québécois vivent selon un esprit confédéral alors que la réalité politique canadienne est toujours fédérale. Ce paradoxe donne parfois lieu à de durs réveils, quand les Québécois prennent conscience des effets sociaux de politiques fédérales inspirées par une réalité culturelle bien étrangère à la leur.

---

8. Louis Balthazar, *Nouveau bilan du nationalisme au Québec*, Montréal, VLB éditeur, 2013.

Au sein de la population, là où vivent les francophones et les anglophones, la situation continue d'évoluer. Les préjugés et les tensions s'estompent graduellement. Le français est plus vivant que jamais et son avenir est assuré au Québec. Le nombre de ceux qui parlent les deux langues progresse aussi bien chez les anglophones que chez les francophones.

Au Québec, de nombreux francophones fréquentent les établissements anglophones de santé et d'éducation. Ainsi, parmi les étudiants de l'Université McGill, on compte 40 % de francophones. L'Hôpital général de Montréal et l'Hôpital général juif, deux établissements anglophones de bonne réputation, comptent un grand nombre de francophones au sein de leur personnel et de leurs patients.

Même chose dans les sports. J'assiste fréquemment à des parties de hockey pour voir évoluer deux de mes petits-fils. Alors que je voudrais profiter de ces occasions pour améliorer mon anglais, la plupart des gens insistent pour me parler en français.

Par contre, sur le plan politique, depuis l'arrivée du gouvernement Harper à la tête du pays, la fracture entre le Québec et le reste du Canada n'a cessé de s'accentuer. Le manque de compréhension et de souplesse du premier ministre sur des questions auxquelles les Québécois attachent de l'importance en est une des causes. Simplement à titre de rappel, on ne peut oublier son attitude intransigeante sur la question de la délinquance juvénile, du recensement, de la recherche et du registre des armes à feu.

Il est ironique de constater cet éloignement graduel au niveau politique pendant que sur le terrain les rapports sont de plus en plus ouverts et dénués de préjugés.

La Révolution tranquille a eu pour effet de placer carrément la question du statut politique du Québec sur le devant de la scène. Cinquante ans plus tard, cette question n'est toujours pas réglée. Elle nous divise profondément alors qu'en tant que minorité au sein du Canada et sur le continent, nous devrions chercher à nous unir. Elle alimente l'incertitude dans le contexte général de profond changement actuel et prévisible. Notre incapacité de mettre un terme à cette situation nous crée énormément de tort.

En 1945, l'écrivain canadien Hugh MacLennan publiait un livre intitulé *Two Solitudes*. Ce livre, qui décrit bien la distance, les préjugés et l'incompréhension qui séparaient alors les Canadiens français et les Canadiens anglais, fit époque. L'expression « les deux solitudes » fut retenue pour décrire le fossé et la profonde méfiance entre les deux peuples au sein du pays.

Ce n'est qu'au début des années 1960 que nous avons eu l'impression qu'un rapprochement entre « les deux solitudes » pourrait s'effectuer. Ce fut l'époque de l'entente avec Ottawa sur la création du Régime de rentes du Québec et de la Caisse de dépôt et placement, époque suivie par la création de la commission Laurendeau-Dunton sur le bilinguisme et le biculturalisme. Ce déblocage fut possible grâce à l'ouverture d'esprit et à la compréhension du premier ministre canadien Lester B. Pearson et à la volonté de son homologue québécois Jean Lesage de travailler de concert avec lui.

On se souvient aussi du sentiment de fierté partagé par la grande majorité des Québécois et des Canadiens et suscité par l'immense succès d'Expo 67 en commémoration du centenaire du Canada. Montréal attira plus de 50 millions de visiteurs qui furent impressionnés par notre talent et notre savoir-faire. Ce qui permit pour la première fois au Québec de vraiment rayonner sur la scène internationale.

Mais ce climat d'ouverture et d'espoir fut de courte durée. En 1968, Pierre Elliott Trudeau est élu avec l'appui des Québécois heureux de voir l'un des leurs à la tête du pays. Mais il est élu aussi par les Canadiens des autres provinces qui voyaient en lui un premier ministre capable, selon l'expression populaire, de mettre le Québec à sa place. La suite est connue.

Au référendum de 1980, les Québécois ont rejeté par une nette majorité l'option de la souveraineté-association préconisée par René Lévesque et le Parti québécois. J'étais présent, l'avant-veille du référendum, lorsque le premier ministre Trudeau avait pris l'engagement solennel de répondre aux aspirations légitimes des Québécois. Dès le lendemain du référendum, Trudeau avait d'ailleurs mis en marche le processus de rapatriement de la constitution.

Mais, malgré sa promesse, il devint évident que son projet ne reconnaissait aucunement le caractère distinct du Québec. Il comprenait de plus une charte des droits et libertés de la personne qui consacrait les libertés individuelles sans reconnaître une contrepartie, soit le droit collectif d'une minorité de protéger son identité et sa culture.

L'adoption de la loi constitutionnelle donna lieu à des tractations qui ont laissé un goût amer au Québec. Au lieu d'une loi constitutionnelle qui aurait dû unir l'ensemble des Canadiens, elle est devenue une cause de discorde chaque fois que la Cour suprême a invalidé des dispositions législatives visant à protéger notre langue. Des dispositions qui auraient fort probablement été jugées équilibrées si la protection des droits de la minorité avait été reconnue. Pour tous ces motifs, les gouvernements qui se sont succédé depuis à Québec ont tous refusé d'adhérer à la constitution du pays.

En 1987, le premier ministre Brian Mulroney, un autre Québécois à la tête du gouvernement canadien, réussit le tour de force de conclure, avec l'ensemble des premiers ministres provinciaux, l'Accord du lac Meech. Cet accord, ratifié ensuite par le Parlement canadien et les législatures des provinces, répondait aux revendications du Québec et lui aurait permis de réintégrer honorablement l'ensemble canadien. La majorité des Québécois ont alors connu un bref moment d'espoir. Mais ce fut de courte durée. L'Accord fut rejeté le 23 juin 1990 par Clyde Wells, le premier ministre de Terre-Neuve qui renia la signature de son prédécesseur, et par le Parlement du Manitoba à la suite du blocage de l'Accord par un Amérindien manitobain. Cette date va demeurer comme un jour noir dans l'histoire du Québec moderne.

À la suite du rejet de l'Accord, les francophones du Québec ont eu le sentiment d'avoir été trahis. Surtout lorsqu'ils ont vu à la télévision, le lendemain du rejet, Jean Chrétien, le chef de l'opposition libérale à Ottawa, donner l'accolade à Clyde Wells, celui qui avait mené la charge contre les aspirations du Québec. C'est à ce moment que l'appui à la cause de l'indépendance du Québec a atteint un sommet.

La réplique de Robert Bourassa, digne et ferme, avait exprimé en peu de mots le sentiment profond qui animait et continue d'animer les Québécois francophones: « Le Canada anglais doit comprendre de façon très claire que quoi qu'on dise, quoi qu'on fasse, le Québec est aujourd'hui et pour toujours une société distincte, libre et capable d'assumer son destin et son développement. »

Malgré l'ampleur de cet échec, le premier ministre Mulroney n'abandonna pas la partie. Dès septembre 1990, il s'engageait à corriger la situation. Mais son entreprise fut de nouveau torpillée par Trudeau et les libéraux fédéraux de Jean Chrétien. J'ai été témoin de près, en tant que sénateur, de cette saga tellement partisane qui s'est terminée par le rejet massif, en 1992, de l'Accord de Charlottetown. Cet accord, qui ne correspondait en rien au changement en profondeur réclamé par les Québécois, fut rejeté en 1992 par l'ensemble des Canadiens, y compris les Québécois. Ce qui mit fin à la seule véritable tentative depuis

1867 d'intégrer, sur une base acceptable, le Québec au sein de l'ensemble canadien. À la suite de cet échec, Mulroney mit fin à sa carrière politique. À l'élection suivante, son parti fut balayé de la carte, même au Québec.

Le dernier chapitre de cette triste histoire eut lieu en 1995. Le premier ministre québécois récemment élu, Jacques Parizeau, lança un autre référendum. Le gouvernement fédéral ignora jusqu'à la dernière minute cet important rendez-vous. Ce n'est qu'à la toute fin que Jean Chrétien réalisa qu'il risquait d'« échapper » le Québec. Mais, encore une fois, les Québécois ont dit non, avec une faible majorité, à une question alambiquée sur l'indépendance du Québec.

À mon avis, la tenue en catastrophe à Montréal, la veille du référendum, d'une manifestation organisée à l'extérieur du Québec eut l'effet contraire de celui espéré. Au lieu d'être perçue comme une manifestation de compréhension envers les aspirations des Québécois, elle a été vue comme une tentative d'éviter le désastre.

Quelles leçons doit-on dégager de ces événements qui ont marqué notre histoire ? J'ai souvent réfléchi à cette question au cours des années et deux leçons m'apparaissent inévitables. Premièrement, le reste du Canada n'acceptera jamais volontairement de reconnaître dans la constitution la nation québécoise et son caractère distinct. Deuxièmement, une minorité de Québécois n'accepteront jamais de laisser tomber l'objectif de l'indépendance du Québec.

Nous avons sur le plan politique seulement deux orientations possibles devant nous : l'indépendance pure et simple avec tout ce que cela peut comporter ou une société au sein de la fédération canadienne authentiquement distincte et capable d'assumer son destin et son développement. L'ambivalence n'est pas une option.

Vingt ans plus tard, nous sommes de nouveau engagés dans une période de turbulence et d'ondes de choc. Nous avons été témoins de ce qui est vraisemblablement la fin du Bloc québécois, ce parti qui, depuis 1990, fut un acteur incontournable sur la scène politique fédérale. Contrairement à toutes les prévisions, le Bloc, champion de l'autonomie et de l'indépendance du Québec, s'est vu remplacer en 2011 par le Nouveau Parti démocratique, le champion de la centralisation à Ottawa. Un changement tout à fait imprévu, sans logique évidente, provoqué par un profond refus d'appuyer les deux grands partis traditionnels.

Au printemps 2012, nous avons vécu un conflit étudiant unique en son genre qui a profondément troublé et divisé la population. Un conflit qui s'est transformé en une réaction beaucoup plus profonde et qui a témoigné du ras-le-bol de nombreux Québécois. En descendant dans la rue, le conflit s'est transformé en « printemps érable » et, en définitive, il a sonné la fin du gouvernement libéral de Jean Charest et lancé le Parti québécois dans la voie du populisme.

Suivant le cycle de l'alternance, le Parti québécois a remporté l'élection de septembre 2012, mais sans obtenir toutefois la majorité des sièges. Par contre, contrairement aux prévisions, le Parti libéral du Québec et la Coalition Avenir Québec ont obtenu une forte pluralité des comtés à l'Assemblée nationale.

Dès mars 2014, à peine 18 mois après l'élection de son gouvernement minoritaire, la première ministre Pauline Marois a décidé de plonger de nouveau le Québec en élection. Elle a pris cette décision sans motif évident, mais manifestement à la faveur de sondages qui lui semblaient favorables.

Incapables de choisir entre la stratégie du bon gouvernement et l'engagement de tenir un référendum, les péquistes ont semblé avoir perdu tous leurs repères et se sont lancés dans toutes les directions. Comme la plupart des gens, j'ai détesté cette campagne électorale qui a été démagogique, négative et laide. Une campagne au cours de laquelle le Parti québécois a été le grand responsable de sa défaite.

En mettant fin à l'alternance à tous les huit ans entre le Parti libéral du Québec et le Parti québécois, la population a transmis un message sans équivoque. Elle a rejeté l'ambivalence et signifié au gouvernement qu'il se concentre sur le redressement de la situation actuelle en fonction de l'avenir. Le résultat de l'élection du printemps de 2014 n'aurait pu être plus clair à cet égard.

Les électeurs se sont prononcés nettement contre l'acrimonie, les allégations de corruption et la division de la population entre souverainistes et fédéralistes. La population a de toute évidence préféré la voie de la croissance de l'économie, de l'emploi et du rééquilibrage des finances publiques plutôt que le virage identitaire de la charte de la laïcité et le flou sur la question de l'indépendance. Enfin, la tendance lourde contre l'indépendance s'est maintenue.

Fait à noter, cette orientation s'est exprimée dans toutes les régions, et de façon particulière chez les jeunes, le bassin traditionnel de recrutement des souverainistes. Un sujet d'inquiétude pour les indépendantistes dont les appuis décroissants se situent maintenant dans une population vieillissante.

Au lieu de prendre acte de ce message et de respecter le choix des électeurs, les dirigeants péquistes ne cessent de répéter que les Québécois qui ne sont pas d'accord avec eux ne comprennent pas et sont motivés par la peur. Pourtant, comme le disait François Mauriac, « la peur est le commencement de la sagesse[9] ».

---

9. Tiré du roman *Thérèse Desqueyroux*, paru en 1927.

Ils oublient que lorsqu'une personne est appelée à faire un choix, elle suit un processus bien naturel même si c'est inconsciemment qu'elle le fait. Elle évalue d'abord les avantages et les inconvénients de chacune des options, puis les risques et les difficultés que chacune présente et, enfin, les conséquences positives et négatives qui peuvent en découler. Une fois sa décision arrêtée, la personne sera vue comme ayant pris une décision éclairée et non motivée par les émotions ou la peur. Si, par contre, la personne prend une décision sans y avoir suffisamment réfléchi, on dira alors qu'elle est inconséquente et qu'elle manque de sérieux.

Devant l'idée de l'indépendance, 64 % des Québécois ont affirmé une fois de plus, lors de l'élection de 2014, qu'ils ne veulent pas prendre cette voie. Ils préfèrent maintenir leurs liens avec le Canada et considèrent que la somme des avantages est trop faible par rapport aux risques et aux conséquences négatives susceptibles d'en découler. La possibilité d'une association d'égal à égal avec un Canada amputé du Québec leur apparaît, avec raison, totalement irréaliste. De plus, la question de l'indépendance divise trop et crée de profondes animosités entre amis, au sein des familles et un peu partout dans la société.

Les indépendantistes refusent d'entendre, comme l'exige le respect de la démocratie, les messages de 1980, 1995 et 2014 et invoquent une panoplie d'excuses pour expliquer leur dernière défaite. Ils refusent de comprendre que cette voie n'est pas en accord avec les grandes tendances internationales et nous affaiblit en nous divisant. Leur refus obstiné de réaliser que la majorité de la population ne veut pas de l'indépendance est en voie de marginaliser leur parti.

Le refus des péquistes d'accepter le message de la population me rappelle la réaction de Talleyrand, homme politique français, au sujet des nobles émigrés qui avaient quitté la France sous la Révolution et qui regagnaient, en 1814, le pays après la chute de Napoléon et la restauration de la royauté. « Ils n'ont rien oublié, ils n'ont rien appris », avait-il constaté. Nous savons ce qui leur est arrivé par la suite.

Les résultats d'avril 2014 ressemblent étrangement à ceux d'avril 1970. L'Union nationale de Maurice Duplessis était apparue comme un parti vieilli et dépassé. Cette fois-ci, même s'il forme l'opposition officielle, le Parti québécois apparaît comme un parti déconnecté des jeunes et de la réalité. La situation est telle que la plupart des indépendantistes sont en voie de conclure que seul un sauveur, peu importe ses orientations politiques et son passé, peut permettre au parti de survivre. C'est une gageure hautement risquée.

Plusieurs indépendantistes affirment que, depuis 1995, ils n'ont pas suffisamment parlé de souveraineté et d'indépendance et qu'un grand effort de pédagogie s'impose. J'ai plutôt l'impression que si on en avait parlé davantage, les appuis à l'indépendance auraient été encore moindres. En effet, il aurait fallu tôt ou tard que les souverainistes abordent les questions de la monnaie, des frontières, du passeport, de la mobilité de la main-d'œuvre et de la renégociation des accords de libre-échange avec les États-Unis et l'Union européenne. Des questions qui touchent directement les Québécois dans leur capacité de maintenir leur niveau de vie.

Les souverainistes n'ont jamais été en mesure de répondre de façon crédible à ces questions. Personnellement, je n'ai jamais vu au cours des 50 dernières années des réponses un tant soit peu sensées et convaincantes à ces questions fondamentales. En fait, il s'agit d'une mission impossible. Les Québécois ne sont pas prêts à accepter les inévitables sacrifices que provoquerait pendant des années l'indépendance. Ils sont satisfaits de leur sort même s'ils peinent à boucler leur budget, à trouver des emplois et à les conserver, à élever leurs enfants et à composer avec tous les soucis de la vie quotidienne.

Au-delà de ces considérations, une interrogation s'impose quant aux raisons plus profondes qui ont motivé les Québécois à s'exprimer aussi clairement lors de la dernière élection. Les bouleversements que nous avons connus au cours des 20 dernières années ont laissé leurs marques. Tous les secteurs de notre économie ont été profondément affectés et transformés. Les emplois, notamment dans les secteurs manufacturier, forestier et agricole, ont diminué de façon dramatique.

L'époque des pays vivant au-dessus de leurs moyens est terminée. Il est devenu tellement évident que les pays qui n'ont pas fait le ménage dans leurs finances publiques vivent de profondes crises dont ils prendront des années à se remettre.

Nous sommes devenus conscients qu'il est essentiel de faire partie de blocs solides sur le plan économique. D'ailleurs, tous les pays industrialisés prennent résolument cette voie. Or, le Canada est dans une situation unique à ce sujet grâce à l'Accord de libre-échange nord-américain (ALENA) et au traité avec l'Union européenne.

Les Québécois sont devenus de plus en plus conscients de la valeur de leur citoyenneté canadienne. D'ailleurs, ils ne croient plus au concept de souveraineté-association prôné par René Lévesque, Jacques Parizeau et Lucien Bouchard. Ils ont compris, même s'il est difficile d'en prendre acte, que les Canadiens du reste du Canada n'ont pas la maturité politique pour accepter ce genre d'entente ou d'association avec le Québec. Le Canada anglophone rejette le concept d'un Québec distinct, à plus forte raison celui d'un Québec négociant d'égal à égal une association avec eux.

Au début des années 1960, dans des conditions plus difficiles qu'aujourd'hui, nous avons choisi de nous tourner résolument vers l'avenir. En avril 2014, nous avons de nouveau fait le même choix en refusant le repli sur nous-mêmes. Nous avons tiré la conclusion qui s'impose, soit la nécessité de maintenir le Québec au sein du Canada.

Nous n'avons pas d'autre choix. Nous devons nous engager dans une autre étape de notre cheminement à la recherche d'une société toujours meilleure pour ses membres. Le gouvernement et les partis d'opposition ont la responsabilité d'engager le Québec dans des voies qui, au lieu de nous diviser, recueillent l'assentiment de la majorité. L'union fait la force, comme nous le rappelle le dicton, ce qui nécessite et impose une obligation de transparence et de confiance dans le bon jugement de la population. Nous ne devons pas perdre de vue que la population, dans sa sagesse, s'est exprimée. Nous n'avons plus le choix : nous devons collectivement faire face aux exigences de la situation dans la continuité de notre histoire.

10

LE RÈGNE DES MINORITÉS

Winston churchill avait raison : la démocratie est le moins mauvais système de gouvernement. Il n'en existe en effet aucun autre qui puisse se comparer à la démocratie. D'ailleurs, dès qu'un peuple s'éloigne de la démocratie, il s'approche de la dictature ou y sombre. Peu importe sa forme, la dictature conduit tôt ou tard à la négation de la liberté et des droits des citoyens et, trop souvent, aux pires abus. Les exemples abondent : l'extraordinaire luxe de Versailles étalé pendant que le peuple vivait dans la plus grande misère, les dictatures de Staline en Russie et d'Hitler en Allemagne qui ont entraîné la mort de dizaines de millions de personnes.

Dans les pays occidentaux, la démocratie est heureusement considérée comme le système naturel de gouvernement, comme un acquis irréversible, par la grande majorité des populations. Les citoyens ne sont pas toujours conscients que la démocratie est une institution humaine qui, malgré ses qualités indéniables, comporte sa part de faiblesses. Les systèmes démocratiques doivent évoluer et refléter les préoccupations du peuple.

C'est d'autant plus important que le monde est engagé dans une nouvelle ère pleine d'incertitudes quant à l'avenir, de déséquilibres et d'instabilité politique. Aucune période dans le passé ne ressemble à ce que le monde est en voie d'expérimenter. Même dans les pays industrialisés où la démocratie est la norme, les populations sont pessimistes et déçues. Le désenchantement s'est rarement manifesté avec autant de force, à tel point que les citoyens doutent de la capacité de leurs dirigeants à orienter leurs destinées.

Les systèmes démocratiques traversent une crise sérieuse causée par les profonds et multiples bouleversements qui assaillent le monde. La domination des pouvoirs économiques et financiers est dénoncée de même que l'accroissement des inégalités économiques et sociales, la détérioration de l'environnement, le réchauffement climatique et la corruption des mœurs politiques. Devant ces défis, les démocraties sont perçues avec beaucoup de cynisme et de scepticisme.

Le désenchantement à l'égard du fonctionnement des institutions démocratiques perçu un peu partout dans le monde s'est rarement manifesté avec autant de force. Les faibles taux de participation aux élections, le déclin des grands partis politiques traditionnels et le manque de confiance envers les politiciens, voilà autant de manifestations de cette remise en question.

Les gouvernements sont vus comme trop subordonnés à l'économie de marché et au capitalisme alors que ce devrait être l'inverse. On attribue d'ailleurs cette situation aux abus qui ont provoqué la profonde récession de 2008 dont le monde entier peine à se remettre.

Dans un tel contexte, sans orientation claire et à long terme, la plupart des gouvernements démocratiques ont été incapables de contrôler leurs dépenses. Ils ont dépensé, emprunté et taxé à un tel rythme qu'ils ont provoqué une crise financière qui a mené plusieurs pays au bord de la faillite et le monde entier dans une profonde récession. Dès qu'un gouvernement manifeste la volonté de rétablir l'équilibre, les gens dénoncent l'austérité et les gouvernements plient devant la pression.

Enfin, on constate que la limitation de la souveraineté des parlements par les traités et les accords internationaux restreint leur capacité de gouverner.

Dans ce contexte, il est intéressant d'analyser à grands traits comment fonctionnent les systèmes démocratiques des trois grands pays les plus près de nous, soit ceux des États-Unis, de la France et de la Grande-Bretagne. L'origine de leurs systèmes et leur évolution aident à mieux comprendre leur nature et leurs limitations. Les constats qui se dégagent permettent de mieux évaluer notre système politique en fonction de l'avenir.

LES ÉTATS-UNIS

Au terme de la guerre de l'Indépendance, en 1783, ce sont les 13 colonies américaines qui ont créé la première république démocratique au monde en coupant les liens coloniaux qui les unissaient à la Grande-Bretagne. À cette époque, les pays occidentaux et asiatiques étaient dirigés par des rois ou des empereurs. Le pouvoir que ces monarques détenaient, de droit divin croyait-on, était transmis de génération en génération par voie de succession ou d'alliances au sein des familles de sang royal. En définitive, il s'agissait, en utilisant la terminologie actuelle, de dictatures héréditaires.

Les artisans de la constitution américaine ont voulu éviter que la nouvelle république en vienne à tomber dans les mains d'un dictateur. Pour se prémunir contre une trop grande concentration de pouvoirs dans les mains du président, à l'instar des rois et des empereurs, ils ont limité son pouvoir en le répartissant entre la présidence, le Congrès, composé du Sénat et de la Chambre des représentants, et le pouvoir judiciaire. En réalité, ce partage du pouvoir a obligé chacune de ces trois instances à composer avec ses contreparties.

Aux États-Unis, le président est élu tous les quatre ans et il ne peut servir plus de deux mandats. Le tiers des sénateurs sont élus tous les deux ans, de même que l'ensemble des membres de la Chambre des représentants. Ce système fait en sorte que le pays est constamment en période électorale, ce qui politise un peu tout. La plupart du temps, le président doit faire face à un Congrès qui lui est hostile et qui bloque son action. Enfin, l'accent est forcément toujours sur le court terme. On peut comprendre pourquoi les Américains n'ont plus confiance en ce qui se passe à Washington.

Ce système a fonctionné tant et aussi longtemps que des consensus assez larges ont existé au sein de la population et des élus, sénateurs et représentants, au Congrès à Washington. Dans de telles circonstances, les élus américains se sentaient moins tenus de respecter la discipline des partis politiques. Mais, avec le passage du temps, dès que les opinions sont devenues plus partagées ou divisées, la capacité d'agir du président a diminué.

Au cours des dernières années, l'opinion américaine s'est polarisée sous l'influence du Tea Party, ce mouvement issu des régions rurales peu scolarisées. Depuis la récession de 2008, un profond désaccord existe sur les moyens à prendre pour rétablir les finances publiques et relancer l'économie. Malgré l'urgence et la gravité de la situation, malgré l'imposante victoire du président Obama et sa réélection en 2012, il est demeuré incapable, face à ce mouvement politique, de faire adopter par le Congrès son programme économique et financier.

En somme, à Washington, une minorité peut bloquer le président sur des questions fondamentales pouvant affecter non seulement les Américains, mais aussi l'ensemble de la planète. Comment peut-on expliquer autrement que le président américain, l'homme que l'on dit le plus puissant au monde, puisse voir ses mesures bloquées par le Congrès ? Malgré l'effroyable tuerie de Newtown, en 2012, dans laquelle 26 enfants ont perdu la vie et bien qu'une majorité d'Américains soient en faveur d'un resserrement des contrôles sur la vente et la possession d'armes à feu, une minorité de sénateurs ont rejeté son timide projet de loi visant uniquement les personnes souffrant de déficience mentale.

C'est le phénomène de la démocratie inversée selon laquelle une minorité en vient à imposer ses visions simplistes à la majorité. Ce qui est particulièrement néfaste, c'est que les crises au sein du Congrès à Washington ont des effets sur l'ensemble de la planète par suite de la puissance de son économie et de la force de son dollar.

Le système politique américain est inscrit dans la constitution et, de ce fait, revêt aux yeux des Américains une valeur sacrée. Non seulement il n'évolue pas, mais les amendements qui, au fil des ans, ont été apportés le rendent encore plus immuable. Malgré certains aspects de ce système qui peuvent sembler supérieurs à notre système parlementaire, telle la nomination par le président de sommités au sein de son cabinet, son inadaptation est telle qu'il est loin de constituer un modèle.

LA FRANCE

À peine cinq ans après l'indépendance des États-Unis, la situation éclate en France. C'est le début, en 1789, de la brutale et sanglante Révolution française. Au cours des 80 ans qui ont suivi cette révolution, la France a vécu sous sept régimes politiques : trois monarchies, deux républiques et deux empires. C'est en 1870 que le pays a finalement adopté en permanence le système républicain en créant la Troisième République, qui prit fin à son tour en 1940 à la suite de l'invasion de la France par l'Allemagne nazie.

Au lendemain de la dernière guerre mondiale, en 1946, la Quatrième République fut instituée. Elle s'est démarquée par sa grande instabilité, les gouvernements se succédant. Ce qui a conduit la France dans une situation économique et financière désastreuse.

C'est ainsi que Charles de Gaulle est revenu au pouvoir en mai 1958 et a institué en octobre de la même année la Cinquième République. Son objectif primordial était d'assurer la stabilité, de relancer l'économie et de redonner son prestige à la France. Il établit dans cette perspective un nouveau système politique, celui du scrutin majoritaire à deux tours.

Selon ce système, l'électeur doit choisir parmi plusieurs candidats. Si un candidat recueille la majorité absolue des voix, il est élu. Sinon, un deuxième scrutin est tenu à brève échéance avec un nombre réduit de candidats, soit deux au niveau de la présidence. Le candidat qui obtient le plus de suffrages est élu.

Outre la France, ce système est utilisé dans de nombreux pays pour l'élection présidentielle et dans certains autres pour les élections législatives. Il a l'avantage d'assurer une majorité absolue des voix au président élu. Il produit aussi de plus fortes majorités que le système à un tour pour les autres élus. Il a en conséquence le désavantage d'accroître la majorité parlementaire et de sous-représenter les minorités.

Bien qu'il ait introduit en France plus de stabilité, il comporte des désavantages majeurs de notre point de vue. C'est un système propre aux républiques, mais qui ne convient pas aux systèmes parlementaires comme le nôtre.

LA GRANDE-BRETAGNE

Au Canada et au Québec, nous avons un système politique différent de ceux des États-Unis et de la France, nous vivons sous le système parlementaire britannique. Le début de ce système de gouvernement remonte au commencement du 13e siècle. Il avait été créé afin de limiter le pouvoir absolu du roi.

Ce n'est toutefois que vers 1680 que le Parlement britannique a acquis les pleins pouvoirs. Depuis cette époque, la fonction du souverain est essentiellement symbolique. On trouve ce système dans les anciennes colonies britanniques, tels le Canada, l'Australie et la Nouvelle-Zélande.

Nos premières institutions parlementaires au Québec ont été créées en 1791. Elles sont parmi les plus anciennes en Amérique du Nord. Nous avons donc une tradition démocratique profondément enracinée et notre système parlementaire de type britannique nous a, dans l'ensemble, bien servis.

Pendant longtemps, en Grande-Bretagne comme ici, le système a fonctionné en alternance avec deux partis politiques, l'un formant le gouvernement et l'autre l'opposition. À l'origine, les activités gouvernementales étaient plutôt limitées et influaient guère sur la vie de tous les jours des citoyens. Ce système bipartite est demeuré satisfaisant aux yeux des électeurs tant qu'ils se sont sentis adéquatement représentés par l'un ou l'autre des deux partis en présence.

De nos jours, la société est beaucoup plus complexe et les gouvernements sont omniprésents dans nos vies. Les citoyens sont ainsi confrontés à des enjeux infiniment plus nombreux. Ils sont plus éduqués, informés et veulent être représentés par des partis politiques qui correspondent davantage à leurs aspirations. Par exemple, un électeur pourrait vouloir favoriser un parti rigoureux dans la gestion des finances publiques et également soucieux de la protection de l'environnement. Or, il se pourrait très bien qu'une telle combinaison n'existe pas.

Il est intéressant de constater que, pour la première fois de sa longue histoire parlementaire, la Grande-Bretagne est dirigée par un gouvernement de coalition, avec à sa tête le premier ministre David Cameron.

LE BIPARTISME

La diversité des opinions au sein de la population explique l'apparition sur notre scène politique de nouveaux partis tant à Québec qu'à Ottawa. Au début, malgré leur présence, la tradition du bipartisme a prévalu. C'est ainsi que l'Action libérale nationale, un parti créé au début des années 1930, a été supplantée en 1936 par l'Union nationale de Maurice Duplessis qui, à son tour, a cédé sa place au début des années 1970 au Parti québécois de René Lévesque et au Ralliement créditiste de Camil Samson. Ce dernier parti est disparu quelques années plus tard.

Mais la tendance bipartite n'a pas duré. Au Québec, pas moins de cinq partis semblent maintenant établis pour un bon moment, soit le Parti québécois, le Parti libéral du Québec, la Coalition Avenir Québec, Québec solidaire et le Parti vert. D'autres partis, tel Option Québec, essaient d'émerger à leur tour sur la scène politique. À Ottawa, cinq partis politiques se disputent les électeurs : le Parti conservateur, le Parti libéral, le Nouveau Parti démocratique, le Parti vert et le Bloc québécois. Comme on peut le constater, l'ère du bipartisme semble bien terminée et la présence de plusieurs partis politiques constitue une réalité avec laquelle nous allons devoir composer.

La présence de tous ces partis et la division des votes qui en résulte introduisent de fortes distorsions dans la répartition des sièges entre les partis. Simplement au cours des dernières années, un gouvernement minoritaire a été élu à Québec sous Jean Charest en 2007, suivi d'un autre en 2012 sous Pauline Marois. En 2014, les libéraux de Philippe Couillard ont obtenu 56 % des députés avec seulement 42 % des votes. Fait important, depuis 2007, la majorité des électeurs québécois a été représentée par des partis d'opposition et les nouveaux partis ont été sérieusement sous-représentés.

Deux gouvernements minoritaires ont aussi été successive-ment élus au cours des dernières années à Ottawa, soit les libéraux sous Paul Martin en 2006 et les conservateurs sous Stephen Harper en 2008. Dans les deux cas, le parti victorieux a obtenu la majorité des sièges à la Chambre des communes avec une minorité des voix. En définitive, tout comme à Québec, la majorité des électeurs canadiens est représentée depuis 2006 à Ottawa par des députés des partis d'opposition.

Ce sont ces distorsions qui ont permis aux gouvernements Marois et Harper d'entraîner le Québec et le Canada dans des changements substantiels pas nécessairement en accord avec les vœux de la majorité des électeurs. Sur les deux plans, fédéral et provincial, cette situation selon laquelle la majorité des électeurs se retrouve dans l'opposition est manifestement contraire à l'objectif du système bipartite.

LA REPRÉSENTATION PROPORTIONNELLE

À Ottawa et à Québec, lorsqu'aucun parti n'obtient la majorité des députés, au lieu de prendre la voie d'un gouvernement de coalition, un gouvernement minoritaire est formé et un climat d'instabilité s'installe. Tout est interprété dans une perspective à très court terme en vue de la prochaine élection. Au bout du compte, le bipartisme ne permet plus une représentation qui reflète les préoccupations et les volontés de la majorité des électeurs.

Non seulement le moyen et le long terme sont négligés, mais la perspective d'une prochaine élection fait en sorte que les partis politiques évitent les questions épineuses et s'engagent dans une surenchère de projets dont les coûts, généralement sous-estimés, excèdent généralement nos moyens. Les récents gouvernements minoritaires – à Québec sous Jean Charest en 2007 et Pauline Marois en 2012, et à Ottawa sous Paul Martin en 2004 – constituent malheureusement les plus récents exemples de ce comportement aberrant.

Je ne peux m'empêcher de rappeler qu'en décembre 2008 nous avons passé à un cheveu, au niveau fédéral, d'avoir pour la première fois un gouvernement de coalition. Les libéraux, les néo-démocrates et les bloquistes, qui représentaient aux Communes une forte majorité, avaient en effet signé un accord de coalition, une première depuis la Confédération en 1867. Ils avaient l'intention de renverser le gouvernement et de demander à la gouverneure générale Michaëlle Jean de former un gouvernement de coalition composé des libéraux et des néo-démocrates et appuyé par les bloquistes.

Devant cette perspective, le premier ministre Harper a demandé à la gouverneure générale de proroger la session parlementaire et de mettre ainsi fin à tous les travaux en cours. Selon ma compréhension de notre système parlementaire, elle aurait pu refuser la demande de Harper, ce qui aurait entraîné un vote de blâme à l'endroit de son gouvernement, et demander au chef de la coalition de former un gouvernement de coalition. Elle avait ce choix, d'ailleurs, car elle a admis par la suite avoir réfléchi longuement avant de prendre sa décision.

La perspective de voir le gouvernement recevoir l'appui du Bloc québécois aurait créé une situation de crise. Il est loisible de penser que cette situation aurait pu forcer les Canadiens anglais à considérer sérieusement comment intégrer pleinement et de façon acceptable le Québec dans la fédération canadienne. Une telle occasion risque fort de ne pas se représenter.

Cette décision, qui m'a semblé hautement discutable, car la coalition représentait la majorité des électeurs, n'a pas été relevée par les constitutionnalistes et n'a pas suscité de grandes réactions dans les médias et au sein de la population. Je ne peux m'empêcher de penser que l'appui du Bloc québécois à la coalition explique ce sérieux accroc à la démocratie.

Plusieurs pays ont adopté un système de représentation proportionnelle afin d'éviter les gouvernements minoritaires et de mieux refléter les tendances au sein de leurs populations[10]. Ce système, qui vise à donner à tous les partis politiques une représentation de députés proportionnelle aux votes recueillis par chacun, permet ainsi aux électeurs d'élire des députés selon leurs préférences et des gouvernements dont les orientations sont plus nuancées et en accord avec les opinions de la majorité des électeurs. Il est fondé sur un niveau plus élevé de confiance dans le bon jugement des électeurs.

De plus, la représentation proportionnelle donne généralement lieu à la formation de gouvernements de coalition, ce qui introduit un élément de stabilité fort important contrairement à ce que plusieurs croient chez nous. Ce système, en amenant des représentations plus démocratiques dans les parlements et des gouvernements plus stables, apparaît hautement supérieur au bipartisme. Il comporte d'autres avantages indéniables.

J'ai l'impression que de nombreux électeurs n'exercent pas leur droit de voter parce qu'aucun parti, dans un système bipartite, ne les représente adéquatement. La représentation proportionnelle a le potentiel de favoriser un plus grand taux de participation aux élections. Autre aspect non négligeable: le comportement du gouvernement Harper, nettement à l'opposé de l'opinion d'une majorité de Canadiens, ne serait plus possible. Au sein d'une coalition, un premier ministre ne pourrait s'éloigner autant des attitudes et des convictions de la majorité des citoyens.

Un changement de culture au sein des partis politiques serait toutefois nécessaire, car on continue de croire que la représentation proportionnelle engendre plus d'instabilité que le bipartisme. En définitive, un tel changement serait possible à la condition

---

10. Belgique, Pays-Bas, Danemark, Suède, Norvège, Italie, Pologne, Autriche, Länder allemands, Luxembourg, Suisse.

que l'intérêt supérieur de la société, et non le carriérisme, constitue la première préoccupation des dirigeants des partis politiques.

Par rapport à l'instabilité et à la courte vue de nos gouvernements minoritaires, le système de représentation proportionnelle et, si nécessaire, de gouvernement de coalition est nettement supérieur à notre système bipartite de plus en plus inadapté à la réalité contemporaine.

L'introduction de gouvernements de coalition dans notre système parlementaire pourrait se faire sans même qu'un changement constitutionnel soit nécessaire. De plus, de tels gouvernements seraient davantage en accord avec le concept récemment adopté des élections à date fixe.

LA CONCERTATION

Nous avons vécu au Québec, au cours des années, plusieurs épisodes difficiles de contestation qui ont laissé des marques et produit des effets plutôt négatifs. La question mérite qu'on y réfléchisse de façon particulière.

Nos politiques et nos programmes sont généralement conçus au sommet par les grands mandarins sous l'influence, plus ou moins marquée, du pouvoir politique. Que ce soient les péquistes ou les libéraux qui gouvernent, les mêmes façons de penser et de concevoir les politiques et les programmes prédominent, sauf en ce qui a trait à la question nationale.

La démarche est généralement conforme au même modèle. Une fois énoncée, une nouvelle mesure est soumise au besoin à une étape de consultation en commission parlementaire avant d'être entérinée par décret ministériel ou par l'Assemblée nationale. Son implantation est ensuite encadrée par des règlements et des directives.

Or, il existe inévitablement des divergences d'opinions au sein de la population sur les enjeux économiques, sociaux et culturels. La démarche sur le plan politique s'effectue dans la dynamique adverse du bipartisme. L'accent est en conséquence placé sur la critique, l'opposition, la résistance et, si nécessaire, la contestation, l'affrontement et les manifestations. Il en résulte que les décisions prises par le pouvoir politique sont inévitablement contestées et débouchent sur des compromis plus ou moins boiteux.

Confrontés à de telles perspectives, certains pays se sont tournés vers la concertation. Cette approche, qui s'inspire de l'idée de la participation, s'est imposée graduellement en matière d'aménagement du territoire et de protection de l'environnement. Son champ d'application s'est ensuite élargi pour comprendre la recherche d'accords et d'orientations sur les grands enjeux économiques et sociaux. Elle implique alors les parties en cause, soit le gouvernement, les employeurs et les syndicats.

L'objectif de la concertation est de rechercher un accord sur un cadre et les grands paramètres en vue de négociations ultérieures. Un tel cadre, en tenant compte des intérêts de chacun, peut ainsi permettre la tenue de négociations autrement que sous le signe de la contestation.

L'exemple des pays scandinaves est particulièrement intéressant à cet égard. La concertation leur a permis d'établir des consensus qui ont rendu possibles des réformes majeures en matière de fiscalité – notamment par l'introduction d'une TVA sociale au Danemark –, de marché du travail, de privatisation des services publics et de réduction des dépenses publiques en proportion du PIB. Certains pays ont aussi procédé à d'importantes réformes de gouvernance, notamment dans le domaine de la santé. Aucun autre pays n'a pu effectuer en l'absence de concertation des réformes aussi importantes.

Au Québec, la concertation a donné au cours des dernières années d'intéressants résultats sur des questions particulièrement difficiles. Le gouvernement de Lucien Bouchard s'est trouvé au milieu des années 1990 forcé de réduire significativement et sans retard le niveau des dépenses publiques. Il a choisi d'éviter la voie des décisions imposées d'en haut qui aurait inévitablement conduit à la contestation et à des affrontements. Il a plutôt choisi d'inviter toutes les parties en cause à participer à un exercice de conciliation. Des consensus ont été établis, non sans difficulté, mais ils ont permis d'atteindre l'objectif fixé.

L'épineuse question des soins de fin de vie constitue une autre démonstration éloquente du potentiel de la conciliation. La question comportait plusieurs aspects d'ordre éthique, moral et professionnel. Elle était susceptible de provoquer des réactions très émotives et même passionnées. On n'a qu'à se rappeler les divisions profondes sur la question de l'avortement qui implique la vie, tout comme celles sur la mort dans des conditions humaines et dans la dignité. Or, les partis politiques ont fait preuve de clairvoyance et ont abordé la question sous le signe de la compréhension et de la conciliation. L'adoption du projet de loi, au moyen d'un vote libre, a été vue comme une réussite majeure.

À l'heure actuelle, pendant que j'écris ces lignes, le Québec est de nouveau plongé dans un climat de contestation et de confrontation malsain. On dénonce de toutes parts les mesures en voie d'être prises afin d'assainir les finances publiques et rétablir la confiance chez les investisseurs. La crainte de nouveaux affrontements et de descentes dans la rue se manifeste. Un autre printemps comme celui de 2012 aurait des effets nocifs sur notre économie déjà mal en point.

Quand apprendrons-nous que la concertation est possible et peut donner des résultats tellement supérieurs?

11

UN PAYS MÉCONNU

Comme nous sommes non seulement québécois mais aussi canadiens et que nous vivons au sein du Canada, nous avons intérêt à mieux connaître cette réalité incontournable. Depuis la Seconde Guerre mondiale, le Canada a profondément changé. Ce n'est plus le pays qui, pendant longtemps, a voulu nous assimiler et qui a traité les francophones comme des citoyens de deuxième rang. Malheureusement, le pays qu'est devenu le Canada est encore largement méconnu d'un grand nombre de Québécois.

Dans le présent chapitre, mon but n'est pas de faire l'apologie du Canada, mais je crois toutefois qu'il est grand temps de voir le Canada de façon plus objective, tel qu'il est, avec ses forces et ses faiblesses.

LES MÊMES VALEURS

De façon évidente, le refus du Canada anglophone d'accepter le Québec comme une authentique nation a pour effet de cacher aux yeux des Québécois les valeurs que nous partageons.

C'est malheureux, car nos valeurs sont largement les mêmes. Ce sont essentiellement notre langue et notre culture qui nous distinguent. La question mérite qu'on s'y arrête un instant.

Nous bénéficions d'un niveau et d'une qualité de vie exceptionnels. Depuis la fin de la Seconde Guerre mondiale, le Canada a effectué d'énormes progrès dans l'éradication de la pauvreté, particulièrement chez les personnes âgées, et dans la réduction des inégalités sociales entre les provinces et entre les personnes.

Le Canada a fait figure de pionnier en matière de politiques sociales. Les grands programmes se sont succédé : l'assurance chômage dès 1942 alors que le pays était en guerre, les allocations familiales immédiatement après la fin de la guerre, les pensions de vieillesse au début des années 1950 et les lois qui ont aidé pendant les années 1960 les provinces à implanter l'assurance hospitalisation et l'assurance maladie. Grâce à ces politiques, nous bénéficions de conditions de vie humaines, sécuritaires et équilibrées, sans aucune comparaison possible avec nos voisins américains.

Chaque année, le Programme des Nations Unies pour le développement humain publie un rapport dans lequel les pays sont classés selon un indice de développement. Cet indice porte sur l'espérance de vie, le degré de scolarisation et le niveau des revenus dans les quelque 250 pays membres de l'Organisation des Nations Unies (ONU). Au cours des années 1990, le Canada se classait régulièrement dans les premiers rangs de ce palmarès.

Dans le dernier rapport (2013), parmi les 10 pays en tête de liste, il est intéressant de noter la présence de sept pays de petite taille – l'Australie, l'Irlande, la Norvège, la Nouvelle-Zélande, les Pays-Bas, la Suède et la Suisse. Pour sa part, le Canada se classe 11e. Ce glissement s'explique par l'accroissement au pays des inégalités sociales, de la pauvreté et de la malnutrition chez les enfants.

Il s'agit d'une nouvelle tendance qui contraste avec l'orientation du Canada en matière de justice sociale depuis la fin de la Seconde Guerre mondiale. Elle n'est sûrement pas étrangère à la présence à Ottawa, depuis une dizaine d'années, d'un gouvernement influencé par les conservateurs réformistes doctrinaires de l'Ouest canadien. Une tendance malheureusement observée dans nombre de pays depuis la profonde récession de 2008.

Au Canada, nous sommes dotés de solides institutions démocratiques et judiciaires. Il n'est pas exagéré de dire que nous vivons en sécurité dans un pays de grande liberté et de tolérance, de respect de la personne et d'ouverture d'esprit. Sur les plans de la culture et de la qualité de la langue, nous bénéficions de deux remarquables institutions, Radio-Canada et le Conseil des arts du Canada. Nous devons leur donner le crédit d'avoir joué au Québec un rôle de premier plan dans notre émancipation et notre développement.

Le Canada a acquis une excellente réputation sur la scène internationale. Quiconque a voyagé à l'extérieur du pays a pu s'en rendre compte. À plusieurs reprises, le Canada a joué un important rôle d'intermédiaire ou d'agent de la paix. On se souvient que les Casques bleus, nés d'une initiative canadienne, étaient devenus dans le monde, avant l'élection du gouvernement Harper, un symbole dont nous étions fiers.

Le Canada, qui, lors de sa création, semblait présenter un défi quasi impossible à relever, constitue sans contredit dans l'ensemble une réussite. Voilà le pays dans lequel nous sommes voués par la géographie et l'histoire à vivre ensemble, francophones, anglophones et autochtones. Un pays qui partage les mêmes grandes valeurs que nous.

On ne peut non plus ignorer que c'est à l'intérieur du Canada que le Québec a pu vivre sa Révolution tranquille et atteindre le stade enviable de développement qu'il connaît aujourd'hui. Une société que la première ministre Pauline Marois présentait en 2013 au président français François Hollande en termes extrêmement élogieux.

Graduellement, depuis la Seconde Guerre mondiale, le gouvernement canadien a assumé une importante fonction trop méconnue de la population. Il a assumé un rôle capital dans la répartition de la richesse collective entre les provinces et entre les citoyens.

C'est par l'introduction d'une série de lois et de programmes bien connus qu'il effectue cette répartition : la Sécurité de la vieillesse, le Supplément du revenu garanti, l'assurance emploi, le Régime de pensions du Canada, la péréquation et les paiements de transfert aux provinces pour la santé et les services sociaux.

Ces programmes sont l'expression concrète d'une solidarité entre les régions du pays et entre les citoyens. Il s'agit d'un aspect que l'on a tendance à ignorer. Pourtant, cette solidarité fait en sorte qu'il n'y a pas vraiment au Canada de provinces pauvres et que les inégalités entre les régions et entre les personnes, même si elles existent, demeurent tolérables et ne sont pas sources de tensions déstabilisantes. À cet égard, le Canada et les États-Unis sont fort différents : chez nos voisins, une partie de la population vit dans une grande pauvreté et les inégalités économiques et sociales sont nettement trop grandes.

Comme les programmes fédéraux sont constitués de paiements et comprennent peu ou pas de services, ils ne créent pas de liens entre les personnes et les organismes chargés de leur administration, contrairement aux gouvernements des provinces qui sont très présents auprès de leurs citoyens au moyen des services de santé, d'éducation, de sécurité, de communication, de transport et d'infrastructures. En définitive, les gouvernements provinciaux ont des incidences directes sur la vie quotidienne des citoyens.

Cette situation préoccupe les dirigeants politiques et les hauts fonctionnaires au niveau fédéral qui ont la responsabilité de maintenir un sentiment d'appartenance dans l'ensemble du pays malgré son immensité et la grande diversité des régions. Cette situation explique l'insistance du gouvernement fédéral à intervenir dans des champs d'action qui sont nettement la responsabilité des provinces. Une implication qui a eu des effets positifs, mais également des conséquences négatives.

La présence du gouvernement fédéral dans les services de santé fait ressortir ce paradoxe. C'est grâce à son impulsion financière que les provinces ont établi à tour de rôle l'assurance hospitalisation et l'assurance maladie et mis en place les systèmes de santé. Mais, les conditions imposées pour son aide financière ont enfermé les régimes instaurés par les provinces dans un cadre rigide qui, avec le temps, s'est avéré incapable de s'adapter à l'évolution et aux changements en matière de santé.

Il faut bien se rendre à l'évidence : alors qu'à l'origine l'établissement des systèmes de santé provinciaux constituait un immense progrès, l'implication du gouvernement fédéral est devenue un tel frein que le Canada se classe sur ce plan parmi les derniers au sein des pays développés.

Qui sont aujourd'hui ces Canadiens anglophones que l'on définit, au Québec, généralement en des termes génériques tout comme s'ils formaient un bloc monolithique ? La réalité est tout autre.

Pour un grand nombre de Québécois, un Anglais, c'est le descendant de la poignée de soldats qui, en septembre 1759, nous ont défaits par la ruse et la trahison sur les Plaines d'Abraham. C'est l'envahisseur qui a brûlé nos villages, qui nous a exploités et qui, encore de nos jours, ne nous comprend pas et ne nous aime pas.

Pourtant, la situation actuelle ne concorde aucunement avec cette façon de voir. Les Canadiens d'ascendance anglaise ne représentent plus qu'une minorité par rapport à la population canadienne. Ils totalisent en effet 6,5 millions d'habitants, soit moins de 20 % des 35 millions de citoyens de l'ensemble du pays.

En fait, la population anglophone comprend aussi les 4,7 millions d'Écossais de descendance qui, au cours de leur histoire, ont été les amis traditionnels des Français et, bien souvent, des ennemis des Anglais. Elle comprend les descendants des Irlandais, environ 4,4 millions de citoyens, qui ont longuement combattu les Anglais. Enfin s'ajoutent les Gallois, au nombre de près d'un demi-million, qui eux aussi sont bien différents des Anglais. Les ancêtres de ces quelques 10 millions de descendants d'Écossais, d'Irlandais et de Gallois, même s'ils parlent tous l'anglais, n'ont rien eu à voir avec la Conquête de 1759 par les Anglais.

À ce groupe viennent s'ajouter plus de 10 millions d'immigrants qui sont venus d'Europe après la Première Guerre mondiale et, depuis la Seconde Guerre mondiale, d'un peu partout dans le monde. Ces immigrants connaissent peu notre histoire et ne demandent qu'à améliorer leur sort et à vivre en harmonie avec les Canadiens sans égard à leur origine.

Enfin, il y a les Amérindiens et les Métis, en majorité anglophones, qui comptent pour plus d'un million. Ils ont été traités de façon inacceptable tant par les Blancs anglophones que francophones. Ils sont pleinement justifiés de voir à leurs intérêts avant tout et ne se préoccupent guère du statut politique du Québec.

En fin de compte, le vrai descendant anglais, le descendant de Wolfe et compagnie, est noyé dans une mer anglophone très hétérogène. Nous sommes loin du Canada anglophone qui, dans l'esprit de bien des Québécois, doit être considéré comme un adversaire.

Cette présentation de la population anglophone du Canada peut paraître simpliste, j'en conviens. Elle a toutefois le mérite d'illustrer clairement que la population canadienne n'est pas mono-lithique. Les ancêtres des anglophones sont hétérogènes et d'origines très variées. Ceux que bien des Québécois voient comme des Anglais sont avant tout des Canadiens qui ne sont pas portés à considérer les Québécois négativement ou comme des adversaires.

Sur le plan de l'économie et des finances publiques, le Canada se compare avantageusement aux pays du G8 et du G20. L'économie est moderne, diversifiée, dynamique et généralement en croissance. Grâce à des finances saines, un héritage des gouvernements de Chrétien et de Harper, la récession de 2008 a moins affecté les Canadiens que les habitants des autres pays en général. Aujourd'hui, le gouvernement fédéral est parmi les premiers à retrouver l'équilibre budgétaire. D'ailleurs, les organisations économiques internationales ont applaudi la gestion de la politique économique canadienne.

La bonne santé financière du gouvernement fédéral comporte des avantages qui sont loin d'être négligeables pour le Québec. Si ce n'était de la réputation du Canada, le fait que la dette publique du Québec soit très élevée entraînerait sans doute des conséquences. En pourcentage du PIB, notre dette publique est en effet passablement plus élevée que celle des autres provinces et le Québec se classe dans les derniers rangs des pays industrialisés. Advenant l'indépendance, les investisseurs, alertés par les agences de notation, exigeraient des taux d'intérêt plus élevés, ce qui gonflerait le coût déjà très important du service de la dette. Toute augmentation des taux d'intérêt signifierait une dépense additionnelle récurrente de centaines de millions de dollars qui viendrait s'ajouter au service actuel de la dette, qui représente déjà à 11 % du budget de dépenses du gouvernement. Nous ne sommes pas en position de courir un tel risque.

De plus, la situation financière du gouvernement canadien lui permet de jouer un rôle significatif sur le plan de la répartition de la richesse au Québec grâce à la péréquation, aux paiements de transfert et aux grands programmes sociaux.

La péréquation, inscrite dans la constitution, constitue essentiellement un programme de répartition de la richesse collective. Son but est de fournir aux provinces moins fortunées les moyens de donner à leurs citoyens «des services publics à un niveau de qualité et de fiscalité sensiblement comparables». En 2014, le Québec a reçu en paiements de péréquation la part du lion, soit près de 10 milliards de dollars, ce qui représente plus de 10% des revenus du gouvernement. Ce transfert de richesse des provinces riches vers les autres constitue une caractéristique particulière du Canada.

Quant aux transferts fédéraux vers les provinces, il s'agit de la contribution d'Ottawa pour la santé et les programmes sociaux. En 2012-2013, ces paiements se sont élevés à 9,5 milliards de dollars. Même si nous en finançons une partie par nos impôts, il en résulte un transfert non négligeable de richesse vers le Québec. Advenant l'indépendance, la péréquation et les transferts cesseraient rapidement.

Malheureusement, le gouvernement Harper a annoncé son intention de réduire et de plafonner les paiements en vertu de ces deux programmes. On sent l'influence du Reform Party pour lequel la solidarité et la réduction des inégalités sont des chimères de la gauche.

Au cours des dernières années, la hausse des revenus provenant du pétrole a eu pour effet d'introduire une distorsion inattendue dans la péréquation. Parmi les facteurs qui entrent dans les calculs, les revenus tirés du pétrole occupent une place importante. Entre 2000 et 2009, le prix du pétrole s'est fortement apprécié et l'Alberta, la Saskatchewan et Terre-Neuve-et-Labrador en ont grandement bénéficié.

Ce boom pétrolier a fait en sorte que la valeur du dollar canadien s'est appréciée sur les marchés internationaux. Pour nos entreprises exportatrices, il en est résulté une baisse de compétitivité et un effet négatif réel sur leurs exportations. Les analystes appellent cet effet le « mal hollandais ». Il faut noter toutefois que le gouvernement fédéral bénéficie aussi de la manne du boom pétrolier grâce à des impôts plus élevés sur les salaires et les profits des entreprises dans ces trois provinces, ce qui devrait se traduire par des paiements de péréquation et des transferts plus élevés. Au total, l'effet du soi-disant « mal hollandais » devrait être sensiblement neutre.

Enfin, le fait que les programmes sociaux soient plus généreux au Québec crée dans les autres provinces un sentiment d'injustice et d'iniquité. Pour les Canadiens des autres provinces, il est difficile d'accepter que leurs impôts servent à financer au Québec des programmes plus généreux que les leurs ou des programmes dont ils ne bénéficient tout simplement pas.

Les liens et les rapports entre le Québec et le Canada sont multiples, complexes et contradictoires. Pour y voir un peu plus clair, il est possible de les analyser sous trois aspects : les rapports entre les personnes et entre les communautés locales, les rapports entre le Québec et le Canada anglophone et les rapports institutionnalisés entre le Québec et le Canada anglophone.

Pour ce qui est des rapports entre les personnes et entre les communautés locales, il y a certainement des progrès. Les gens ont appris à se côtoyer. Les préjugés, lorsqu'ils existent encore de part et d'autre, sont moins évidents.

Au Québec, de nombreux francophones et anglophones travaillent ensemble dans les milieux d'affaires et dans les universités. Le nombre de personnes qui parlent à la fois le français et l'anglais n'a jamais été aussi élevé. La connaissance d'une seconde langue est perçue comme un actif précieux et non comme une première étape vers l'assimilation. Les classes d'immersion ne perdent aucunement de leur popularité. De plus en plus de jeunes sont bilingues, ce qui leur permet de mieux se connaître.

Toutefois, malgré ces progrès, les francophones et les anglophones continuent de s'ignorer mutuellement. Les Québécois francophones ne sont pas au courant de ce qui se passe dans le reste du pays et il en est de même des anglophones en ce qui concerne le Québec. Les « deux solitudes » sont loin d'être une chose du passé.

Au chapitre des rapports entre le Québec et le Canada anglophone, c'est sensiblement la même chose. Il existe en effet deux conceptions difficilement conciliables du Canada. Il y a d'abord le Canada anglophone composé de 10 provinces de même nature dans lequel la Charte des droits et libertés prime. Dans cette réalité, les droits et les libertés individuels sont sacrés. À cette conception s'oppose celle des Québécois francophones fondée sur l'existence d'une société distincte minoritaire non seulement au sein du Canada, mais également en Amérique du Nord. Une société dont la spécificité culturelle nécessite d'être protégée par une reconnaissance de ses droits collectifs. Un principe qui, dans le contexte de la mondialisation, est maintenant accepté sur le plan international, notamment par l'UNESCO et l'Organisation mondiale du commerce.

Au Canada, une telle reconnaissance est complètement ignorée par les anglophones. Ce refus, qui aurait pu entraîner le Canada sur la voie de la scission, produit des effets qui n'étaient guère prévisibles. En effet, il fait en sorte que le Québec se sent de moins en moins lié au Canada. À cela s'ajoute la distance créée par le gouvernement Harper et les réformistes sur le plan des valeurs collectives et de l'orientation générale du pays.

Le manque de compréhension de ce gouvernement est manifeste. Depuis son arrivée à la tête du pays, le fossé entre le Québec et le reste du Canada n'a cessé de se creuser. Son manque de compréhension et de souplesse sur des questions auxquelles les Québécois attachent de l'importance n'a fait qu'accentuer cette tendance. Comme je le mentionnais précédemment, on ne peut oublier la rigidité d'Ottawa sur les questions de la délinquance juvénile, du registre des armes à feu, de la recherche scientifique, auxquelles on peut ajouter celles sur les changements climatiques, le contenu du recensement et le nom du pont Champlain, toutes des préoccupations chères aux Québécois.

À un autre niveau, le Canada anglophone s'éloigne du Québec en essayant de réécrire l'histoire de notre passé militaire, en donnant un appui inconditionnel à Israël sans égard aux Palestiniens et en adoptant d'autres comportements de même nature.

Il en est de même de la visibilité accrue donnée à la Couronne britannique, un changement d'attitude incompréhensible aux yeux des francophones. Les vestiges de la royauté rappellent en effet un passé dont le souvenir n'évoque, au mieux, rien de positif et qui sème de plus la confusion sur le statut du Canada sur la scène internationale.

Qui plus est, l'importance donnée à la royauté britannique témoigne de l'incapacité des anglophones à assumer pleinement ce qu'est devenu le Canada depuis la Seconde Guerre mondiale, c'est-à-dire un pays capable, comme il l'a déjà fait dans le passé, de jouer un rôle significatif dans le monde, un rôle digne d'un pays évolué. Tout cela explique pourquoi la distance augmente entre le Québec et le Canada anglophone.

Enfin, les rapports institutionnalisés entre le Québec et le Canada anglophone reflètent le fossé qui sépare les deux grandes entités composant le pays. Selon l'Acte constitutionnel de 1982, le Canada est un état fédéral. Ce système vise à permettre à des peuples ou nations d'origines ethniques ou de religions différentes de vivre ensemble, d'unir leurs ressources humaines et autres et de mettre en valeur leur potentiel respectif.

C'est une formule, souple en théorie, qui peut être adaptée selon les situations. Elle gagne de plus en plus en popularité en différents endroits dans le monde. Plusieurs croient que pour survivre, l'Union européenne devra se transformer en fédération.

Une fédération engendre, par sa nature, des tensions qui peuvent être positives et négatives. Cela fait partie intégrante d'une fédération. Les tensions entre le pouvoir central et les entités fédérées peuvent, comme nous le savons très bien au Québec, être négatives. Mais elles peuvent également être très positives en créant une saine répartition des pouvoirs et de l'émulation entre le pouvoir central et les entités fédérées.

En toute objectivité, il faut noter que quelques fédérations créées de toutes pièces au lendemain de la Première Guerre mondiale n'ont pas survécu. Pour qu'une fédération soit viable et forte, les populations des entités doivent faire preuve de compréhension, accepter certains compromis et, surtout, se sentir traitées équitablement. De toute évidence, ces conditions n'existaient pas en Yougoslavie et en Tchécoslovaquie.

Nombre de Québécois francophones pensent que ces conditions ne sont pas respectées au sein de la fédération canadienne. Il ne peut en être autrement si on considère que le gouvernement central est fondé sur le principe de l'égalité des provinces entre elles alors que le Québec constitue une nation dont l'identité et la culture sont différentes.

D'ailleurs, c'est la raison pour laquelle l'implication du gouvernement fédéral dans les juridictions provinciales constitue une source de conflits entre Québec et Ottawa. Dans les autres provinces, ces interventions sont perçues d'une façon différente qu'au Québec. Aux yeux de leurs citoyens, si une politique ou un programme leur apparaît souhaitable, il leur importe peu ou pas de savoir qu'il émane du niveau fédéral ou provincial. Les deux ordres de gouvernement sont vus comme étant complémentaires et la notion de droits collectifs, fondamentale au Québec, n'existe tout simplement pas pour eux.

Les difficiles rapports entre le Québec et le reste du Canada créent trop souvent un climat négatif et tendu qui nuit à l'ensemble du pays. Au Québec, cette situation divise profondément la population et est susceptible d'empoisonner les relations. Malheureusement, à moins que le Canada anglophone décide de prendre l'initiative afin de tenir compte du caractère distinct du Québec, nous sommes condamnés, de part et d'autre, à vivre sous un système fédéral dysfonctionnel.

Ce n'est pas la catastrophe, mais ce pourrait être tellement plus équitable et fonctionnel. Le Canada, y compris le Québec, pourrait mettre pleinement en valeur son immense potentiel. Il faut souhaiter qu'un leader avec une telle vision émerge un jour chez nos concitoyens anglophones !

En l'espace de 10 ans, Stephen Harper et son gouvernement ont profondément transformé le Canada sur tous les plans. C'est un habile stratège qui poursuit ses objectifs sans jamais dévier de sa course. Les stratégies et les moyens qu'il utilise peuvent être trompeurs.

À plusieurs reprises, il a proclamé sa volonté de respecter les champs de compétence des provinces, notamment en matière de santé et d'éducation. En ce qui a trait aux principes, cette attitude a contrasté favorablement avec celles des libéraux fédéraux et des néo-démocrates. Mais, en réalité, nous devons nous rendre à l'évidence que cette attitude camoufle un objectif idéologique inavoué.

En effet, en réduisant les paiements de transfert et en refusant de rencontrer les provinces, Harper veut en réalité limiter les moyens d'action du gouvernement fédéral et des gouvernements provinciaux. L'aspect pervers de cette approche se confirme par son refus de tenir compte des provinces dans des questions où l'aspect financier compte peu.

Le gouvernement Harper a introduit un changement fondamental dans les règles régissant le fonctionnement du Parlement canadien. Le budget annuel est devenu un fourre-tout qui permet au gouvernement de modifier les lois dans un peu tous les domaines sans que l'opposition puisse intervenir et sans que la population soit consciente des changements pourtant significatifs qui sont effectués.

Sur la scène internationale, Stephen Harper a effectué un virage complet. À la suite de son arrivée au pouvoir, les rôles traditionnels du Canada, ceux d'agent de la paix, de médiateur, de protecteur de l'environnement et de défenseur des droits de l'homme ont brusquement pris fin.

À l'opposé de ses prédécesseurs, il s'est même permis de manifester du mépris à l'endroit de l'assemblée générale de l'ONU sur les changements climatiques en se pointant plutôt dans un Tim Hortons. Il a en outre renié l'engagement sur la réduction des effets de serre que le gouvernement précédent avait pris à Rio de Janeiro. Ces deux gestes et d'autres de même nature ont été la cause du rejet de la candidature du Canada à un siège au Conseil de sécurité de l'ONU. Jamais auparavant le Canada n'avait été humilié de cette façon à la face du monde entier.

Dans la même veine, on doit déplorer la transformation du Canada en un véritable satellite des États-Unis et en défenseur inconditionnel de l'État d'Israël. Des positions diamétralement opposées à celles que les Canadiens ont toujours défendues.

Pour compléter cette liste déjà trop longue, il faut ajouter la réintroduction de la Couronne britannique à la tête de la hiérarchie des symboles du pays et l'étonnant projet de réécrire l'histoire du Canada.

Au Québec, tous ces changements ont pour effet de refroidir encore davantage le sentiment d'appartenance des gens à l'endroit du Canada. Au moment où les indépendantistes se cherchent, Harper et son gouvernement leur apportent de l'eau au moulin. Si, au moins, il ne prétendait pas avoir été responsable de leur défaite en avril 2014.

Enfin, le fait qu'un gouvernement élu avec une minorité des suffrages puisse transformer le pays sans que personne soit en mesure d'intervenir montre à quel point notre système de gouvernement a besoin d'être réformé.

Une conclusion s'impose. Le Canada anglophone n'est pas un ennemi même si les gouvernements à Ottawa, notamment celui de Stephen Harper, ne voient pas toujours les choses comme nous. Ce n'est pas en choisissant de demeurer en permanence dans l'opposition à Ottawa que nous allons pouvoir changer le cours des choses et faire valoir notre point de vue. Il me semble tellement clair qu'il vaut mieux partager le pouvoir que d'être en permanence dans l'opposition, hors des cercles du pouvoir. Bref, le Québec n'a d'autre choix que de faire entendre sa voix et de participer au fonctionnement de l'ensemble canadien.

Le Canada, malgré ses limites, est un grand pays. Il ne doit pas être jugé uniquement en fonction du passé. Il mérite qu'on s'y arrête et qu'on se demande s'il y a beaucoup d'autres endroits où nous préférerions vivre.

✳ ✳ ✳

Je demande aux lecteurs de me pardonner le petit hors-d'œuvre qui suit.

Lorsque je pense aux rapports du Québec avec le Canada anglophone, je ne peux m'empêcher de songer au rapprochement entre la France et l'Allemagne dans les années qui ont suivi la Seconde Guerre mondiale. Après trois terribles guerres[11] qui ont fait des millions de victimes, ces deux pays ont décidé

---

11. La troisième étant la guerre franco-allemande (1870-1871) qui opposa le royaume de Prusse et ses alliés allemands à la France, et qui se solda par la défaite de cette dernière.

de travailler ensemble et de construire ce qui est devenu l'Union européenne. Si ces deux ennemis séculaires ont réussi à faire la paix et à travailler ensemble, je ne peux m'empêcher de penser que nous pourrions suivre leur exemple.

On pourrait également s'inspirer de la fin de l'apartheid en Afrique du Sud. Nelson Mandela, au lieu de lancer son peuple et son pays, au sortir de la prison, dans une sanglante révolte, a choisi de travailler pacifiquement avec ses adversaires. Le pays a pu s'engager de façon remarquable dans la voie du développement et du progrès. Aujourd'hui, même si tout est loin d'être parfait, l'Afrique du Sud joue un rôle déterminant dans l'émergence du continent africain. Mandela est même considéré, grâce à sa philosophie, comme une des figures les plus marquantes de notre époque.

Tout au long de ma vie, j'ai toujours été impressionné par ceux qui adoptaient ce genre d'attitude. Au cours de ma carrière, lorsque des situations conflictuelles se sont présentées, j'ai cherché des solutions dans lesquelles les parties opposées pouvaient travailler ensemble. De façon générale, cette approche a donné des résultats positifs, même dans des situations qui semblaient sans issue.

C'est cette approche qui a permis au Québec d'établir son propre régime de rentes. Cet épisode de l'histoire des relations entre le Québec et le gouvernement fédéral mérite d'être rappelé. En 1963, les libéraux de Lester B. Pearson se sont fait élire en prenant l'engagement d'établir un régime de pensions pancanadien couvrant l'ensemble des travailleurs. Or, l'établissement d'un tel régime relevait du champ de compétence des provinces et le premier ministre Jean Lesage était déterminé à ne pas laisser le gouvernement fédéral imposer son projet au Québec.

Il m'avait confié le mandat de concevoir un projet de pensions de retraite en fonction de la situation spécifique des travailleurs québécois et des orientations de son gouvernement. Il s'agissait pour moi d'une tâche ardue et complexe, d'autant plus que j'ai dû l'effectuer au sein d'un groupe de travail qui n'avait aucune connaissance dans le domaine des pensions. Après des mois de travail acharné, nous avons remis notre rapport au premier ministre.

Nous recommandions sans équivoque un régime capitalisé selon lequel chaque génération paie en principe pour les rentes qu'elle recevra éventuellement. Le régime fédéral devait être financé, quant à lui, selon le *pay as you go*, un système fondé sur le principe de la répartition selon lequel les rentes d'une génération sont financées par la génération suivante. La question des pensions devint la plus importante à l'ordre du jour d'une grande conférence fédérale-provinciale à l'Assemblée nationale, à Québec.

Cette conférence s'était terminée sur un complet désaccord sur l'ensemble des sujets à l'ordre du jour. Mais, comme ni Pearson ni Lesage ne voulaient que cette conférence se termine dans l'impasse, ils avaient convenu confidentiellement d'essayer de trouver un terrain d'entente en commençant par les pensions.

C'est ainsi que je me suis rendu à Ottawa en compagnie de Claude Morin, alors sous-ministre des Affaires fédérales-provinciales, rencontrer les représentants du premier ministre Pearson. Ces derniers continuaient d'être déterminés à établir un régime couvrant l'ensemble du pays, quitte à introduire une variante sans conséquence pour le Québec afin de sauver la face. Le premier ministre Lesage demeurait campé dans son refus de laisser le gouvernement fédéral s'introduire dans ce champ de compétence provinciale.

Après d'intenses mais relativement brèves négociations, compte tenu de l'importance des enjeux, j'ai formulé une solution de compromis qui s'est révélée acceptable par les deux parties. Selon cette proposition, le Québec établirait son propre régime et les autres provinces seraient couvertes par le régime fédéral. Les deux régimes seraient équivalents et permettraient la mobilité des travailleurs et le transfert de leurs crédits de pension d'un régime à l'autre.

C'est cette solution qui fut adoptée et qui est toujours en place. Il est aussi intéressant de noter que la mise en place du régime québécois a permis, grâce aux capitaux accumulés en vertu du régime, de créer la Caisse de dépôt et placement.

Cette entente fut considérée à l'époque comme une grande réussite. Elle était fondée sur la coopération et le respect du champ de compétence du Québec.

La recherche de solutions ne peut qu'améliorer la nature des rapports entre les parties. Pour nous, Québécois, travailler positivement à la bonne marche du pays en fonction de l'avenir n'a pas pour effet de nous faire oublier notre histoire. Pas plus que les Français, les Allemands et les Sud-Africains, en tournant la page, n'ont oublié leur passé et leur histoire. Heureusement que la plupart des peuples ont pris cette voie, car autrement le monde serait plongé encore davantage dans des conflits perpétuels.

QUATRIÈME PARTIE

UN NOUVEAU DÉPART

12

UN RÉALIGNEMENT POLITIQUE

L'ÉLECTION D'AVRIL 2014 A DÉMONTRÉ QUE LES QUÉBÉCOIS rejettent sans équivoque l'ambivalence sur la question de notre statut politique, ce qui ne laisse que deux options ou orientations diamétralement opposées : l'indépendance du Québec ou son maintien dans la fédération canadienne.

Au sujet de l'indépendance, il faut rappeler que cette idée est apparue dans les années 1950 comme moyen de sortir les Québécois de leur état de sous-développement et de les engager dans le mouvement de décolonisation de l'après-guerre et sur la voie du progrès. Malgré le rejet à deux reprises, en 1980 et en 1995, d'une version mitigée de l'indépendance, de nombreux Québécois continuent de se déclarer indépendantistes ou souverainistes. Chez plusieurs, le rêve de l'indépendance demeure bien vivant, en dépit des revers.

Les référendums de 1995 au Québec et de 2014 en Écosse ont montré qu'un gouvernement qui ignore le rêve d'indépendance d'une partie de sa population ou le prend à la légère peut faire face à des conséquences imprévues fortement indésirables.

C'est dans cette perspective qu'il me semble utile d'analyser une fois de plus certaines implications de l'option indépendantiste.

Dans le contexte des grands ensembles, le maintien de la cohésion et de l'équilibre entre les membres requiert qu'ils fassent preuve de discipline financière, à défaut de quoi ils risquent de se faire imposer de dures contraintes financières. Ils doivent subir ces contraintes alors qu'ils sont déjà soumis par les nouvelles puissances économiques à de fortes pressions sur le marché du travail.

La défaite du Parti québécois et la montée de la Coalition Avenir Québec en avril 2014 ont montré qu'une importante majorité de Québécois est consciente des contraintes inhérentes au contexte actuel.

Nous avons vu qu'à l'ère de la mondialisation, les peuples sentent le besoin de se regrouper dans de grands ensembles ou des blocs plutôt que de s'en éloigner. Les Québécois se sont inscrits dans cette tendance en votant clairement pour le maintien du Québec dans l'ensemble canadien. Certains analystes ont d'ailleurs vu dans cette élection un troisième référendum et un nouveau rejet de l'indépendance.

Au lieu d'en tenir compte et de respecter la volonté nettement exprimée par la population, les plus fervents indépendantistes concluent qu'ils n'ont pas suffisamment fait la promotion de leur projet de pays et qu'ils doivent renouveler leur message. Or, c'est là pour eux une mission impossible. Les tenants de l'indépendance ne peuvent en effet donner des réponses claires et convaincantes à au moins trois questions qui, pour la majorité des gens, sont capitales. Dans un Québec indépendant, quelle serait notre monnaie? Pourrions-nous conserver les avantages des grands traités commerciaux (ALENA et Union européenne)? Et qu'adviendrait-t-il de notre passeport canadien?

Ceux qui ont analysé de façon réaliste la première question, soit celle de la monnaie, ont conclu qu'un dollar québécois ne serait pas viable. Il s'agit d'une question de confiance relative. Le dollar américain et l'euro inspirent grandement confiance. De façon générale, le dollar canadien vaut moins que ces deux monnaies malgré la bonne santé financière du pays et nos abondantes ressources naturelles.

Devant la perspective de l'indépendance du Québec, de nombreux Québécois choisiraient, pour éviter des pertes, de mettre leurs avoirs à l'abri en les échangeant pour des dollars américains et en les transférant hors du Québec. Ce serait néfaste pour l'économie. Ceux qui n'agiraient pas ainsi courraient le risque de voir leurs avoirs dévalués. On peut aussi supposer que les investisseurs attendraient que la situation se stabilise avant d'investir au Québec.

Il est facile d'imaginer qu'un dollar québécois n'inspirerait pas la même confiance et que sa valeur serait passablement moindre que le dollar canadien. Les Québécois, en gens prudents, préféreraient sans l'ombre d'un doute conserver le dollar canadien. Personne ne souhaite voir ses actifs perdre de la valeur.

Dans un Québec indépendant, l'utilisation du dollar canadien continuerait en conséquence d'être sous le contrôle de la Banque du Canada. En définitive, nous serions perdants par rapport à la situation actuelle. Nous ne serions plus, en effet, en mesure d'influencer la politique monétaire, économique et financière, comme c'est le cas aujourd'hui. Bref, dès le départ, un Québec indépendant devrait céder une partie de sa souveraineté sur une question d'importance capitale pour les Québécois.

Comme le rappelait Mark Carney, l'ex-gouverneur de la Banque du Canada et aujourd'hui gouverneur de la prestigieuse Banque d'Angleterre, « si le Québec veut garder le dollar canadien, un Québec indépendant devra accepter de ne pas avoir le contrôle absolu de ses politiques monétaires, économiques et financières ».

Deuxième question, celle du libre-échange. L'ALENA, l'accord entre le Canada, les États-Unis et le Mexique, est sans l'ombre d'un doute grandement responsable de la remarquable croissance économique et du niveau de vie des Québécois depuis 25 ans.

Le vaste marché nord-américain de 450 millions d'habitants nous a permis d'augmenter considérablement nos exportations. Nous sommes devenus très dépendants de ce marché, ce qui présente évidemment des risques. Il n'est pas bon de mettre tous ses œufs dans le même panier.

Le succès de l'ALENA explique la réaction très positive qu'a provoquée le récent accord de libre-échange avec l'Union européenne. En plus de son potentiel de création de richesse, il introduit une diversification salutaire dans nos exportations. Il a été reçu très positivement chez nous, même du côté des indépendantistes.

Cet accord et celui de l'ALENA constituent en conséquence un des éléments fondamentaux de notre économie. Les conditions intéressantes qu'ils comportent ont été obtenues grâce au poids de l'économie canadienne et à sa situation au sein du G8, le club sélect des grandes puissances. Il est loin d'être assuré que le Québec pourrait garder les mêmes avantages s'il devenait indépendant. Il faut être réaliste.

Advenant une victoire du «oui» dans un éventuel référendum, les Canadiens des autres provinces seraient sous le choc du démantèlement de leur pays. Ils ne seraient certainement pas des alliés du Québec dans les négociations qui suivraient l'indépendance. Si nous devenions indépendants, nous serions en moins bonne position face à un Canada scindé par le départ du Québec et vis-à-vis de nos voisins américains hantés par leur sécurité. Pour eux, l'indépendance du Québec serait un facteur déstabilisant.

Enfin, sur la troisième question, nombre de Québécois pensent qu'ils pourraient garder leur passeport canadien advenant l'indépendance. Pourtant, en toute logique, ces passeports ne seraient plus valides. La perte du passeport canadien, qui est bien vu partout dans le monde, constituerait une conséquence que la majorité des Québécois ne souhaite aucunement.

Il serait de plus illusoire de penser que le reste du Canada réagirait passivement et accepterait d'emblée de négocier d'égal à égal les termes d'une séparation. Les anglophones du Québec réclameraient probablement le droit à la séparation. Les autochtones opteraient fort probablement pour le Canada advenant la sécession. De toute façon, en vertu de quel principe pourrions-nous leur nier ce droit? Enfin, nous serions aux prises, sans l'ombre d'un doute, avec un nouvel exode d'une partie de la population qui viendrait aggraver nos perspectives au point de vue démographique.

On ne peut ignorer que la souveraineté du Québec constituerait, pour des millions de citoyens à l'intérieur comme à l'extérieur du Québec, une profonde brisure qui n'aurait rien d'évolutif. L'accession du Québec à la souveraineté constituerait un choix irréversible de la plus haute importance qui, pour ne pas être contesté par ses adversaires, devrait recevoir l'appui d'une forte majorité de la population. Autrement, l'accession à la souveraineté avec une faible pluralité des voix, bien qu'acceptable sur le plan juridique, placerait le Québec et le gouvernement dans une situation de crise permanente.

Les indépendantistes proposent essentiellement un changement de structure politique. L'indépendance ne modifierait aucunement les grands défis que nous avons à relever – le vieillissement de notre population, notre situation de minorité linguistique et culturelle et notre déclin économique et financier.

Un changement qui, en s'opposant aux tendances de la mondialisation, comporterait de lourdes implications de nature économique et sociale. Ce qui n'améliorerait en rien notre évolution et notre progrès comme société.

C'est d'ailleurs la conclusion à laquelle était arrivé, en 1984, René Lévesque. Occupant la fonction de premier ministre du Québec depuis huit ans, il avait proposé, selon l'expression de l'époque, le «beau risque», c'est-à-dire l'autonomie au sein de la fédération canadienne.

Si les souverainistes avaient démocratiquement accepté le verdict du référendum de 1980, ils n'auraient pas forcé René Lévesque à démissionner comme premier ministre et chef du Parti québécois. S'ils avaient décidé de le suivre, la suite des choses aurait sûrement été fort différente. Avec un Québec souhaitant poursuivre sa route au sein du Canada, l'Accord du lac Meech aurait été vu différemment et fort probablement accepté.

Il me semble important à cet égard de faire un rapprochement avec le référendum tenu en Écosse, en septembre 2014. Ce dernier a été, de l'avis de tous, un événement très civilisé et démocratique. Les intéressantes leçons qui s'en dégagent n'en sont que plus valables.

Le référendum écossais a mis en évidence le fait que la mondialisation est loin d'avoir noyé les mouvements d'affirmation des peuples. Au contraire, le référendum a démontré la volonté chez plusieurs d'entre eux – les Catalans, les Basques, les Gallois, les Corses et bien d'autres – de maintenir envers et contre tous leur identité et leur culture. Les mouvements qui revendiquent une plus grande autonomie demeurent présents chez tous ces peuples.

Le résultat du référendum en Écosse est intéressant. Il montre que la population s'est prononcée par des moyens démocratiques en faveur non pas de l'indépendance, mais de l'obtention de pouvoirs accrus et d'une plus grande autonomie, un objectif atteint.

En Catalogne, face au blocage catégorique de l'Espagne, une consultation – au lieu d'un référendum – a été tenue. Les Catalans ont affirmé qu'ils désirent clairement plus d'autonomie et, possiblement, leur indépendance, et qu'ils veulent manifestement se prononcer dans le cadre d'un référendum. Si le gouvernement espagnol continue de bloquer la tenue d'un référendum, les Catalans vont exercer encore plus de pression. Le dénouement de cette impasse n'est pas évident.

Ces deux consultations ont montré, tout comme le référendum de 1995 au Québec, que le gouvernement du pays ne devrait jamais prendre à la légère ou feindre de nier l'importance des mouvements d'affirmation. Peu importe le cadre légal ou constitutionnel, la volonté exprimée démocratiquement par un tel mouvement doit être prise au sérieux.

Un gouvernement qui refuse de prendre conscience de la réalité, ou qui l'ignore tout simplement, risque de connaître des lendemains fort difficiles. Le gouvernement britannique est présentement dans cette situation. Il semble bien qu'à l'exception de quelques personnes proches du premier ministre David Cameron, personne n'avait été consulté sur les engagements pris dans le climat de panique des derniers jours de la campagne référendaire écossaise. Comment le gouvernement britannique s'acquittera-t-il de ses engagements ? La réponse est loin d'être claire.

Le référendum espagnol et la consultation catalane ont attiré l'attention sur le fait que le fédéralisme constitue le système politique le plus en mesure de répondre aux aspirations des peuples en position de minorité. La logique de cette voie est telle que plusieurs voient l'Union européenne se transformer éventuellement en fédération. Ce n'est pas peu dire.

Au lieu de toujours considérer le fédéralisme comme un système politique à combattre, les indépendantistes québécois devraient réfléchir sur la signification de cette tendance. D'autant plus que tout indique que l'Écosse serait très heureuse d'obtenir le degré d'autonomie et les pouvoirs du Québec au sein de la fédération canadienne.

Malheureusement, contrairement à l'attitude des Britanniques, le Canada anglophone ne manifeste aucune volonté d'intégrer pleinement le Québec au sein de la fédération et de le reconnaître comme une véritable nation. On semble penser que, malgré le résultat serré du référendum de 1995, cette question en viendra à disparaître éventuellement d'elle-même.

Pendant ce temps, nous continuons de subir les conséquences négatives de la division qui règne au sein de la population et du climat d'incertitude quant à l'avenir qui refait surface périodiquement. Cette situation fait aussi en sorte que la gouvernance du Canada demeure fondamentalement dysfonctionnelle. Devant cette incompréhension, je vois venir le 150e anniversaire de la création du pays avec un sentiment de frustration. J'ai l'impression que je suis loin d'être le seul à réagir ainsi.

Avec la présence à Québec d'un gouvernement qui veut assumer sa place au sein du pays, le Canada anglophone devrait prendre l'initiative d'ouvrir le dialogue avec le Québec afin d'en venir à une entente dans le cadre de la fédération. Ce serait vraiment un extraordinaire projet pour 2017 de reconnaître que le Québec constitue une véritable nation qui se distingue par sa langue et sa culture.

En terminant, je dois dire que la situation me rappelle le réajustement de la scène politique québécoise au cours des années suivant la mort du premier ministre Maurice Duplessis. Le parti de l'Union nationale, qui avait régné en roi et maître depuis la fin de la Seconde Guerre, était devenu synonyme d'une ère révolue. Les éléments les plus progressistes de la société ne s'identifiaient plus à ce parti. Comme il s'est avéré incapable de s'adapter, il s'est lentement désintégré.

C'est le Parti québécois sous René Lévesque qui a comblé le vide et proposé un renouveau politique et la souveraineté-association. Aujourd'hui, ce parti ne s'identifie plus aux aspirations de la majorité des Québécois. Le désarroi règne dans le parti à tel point que plusieurs voient en Pierre Karl Péladeau un sauveur. Toutefois, s'il veut survivre, le Parti québécois va devoir modifier sa mission fondamentale. Si son prochain leader ne réussit pas ce tour de force, l'histoire a toutes les chances de se répéter.

D'une façon ou de l'autre, un réajustement politique est inévitable.

13

DES REPÈRES NÉCESSAIRES

« Le nationalisme, c'est un patriotisme qui a perdu ses lettres de noblesse. »

— Albert Schweitzer

LA MUTATION PROFONDE DANS LAQUELLE NOUS SOMMES EN-gagés provoque naturellement de l'insécurité et un profond besoin de mettre à jour nos repères. Les interrogations sont nombreuses. Elles ont trait à notre langue, à notre identité et à notre culture, des questions intimement liées. Elles ont aussi trait à nos attitudes et à nos connaissances, notamment à l'égard de l'économie et de l'argent.

En abordant ces questions, je sens que je m'engage sur un terrain miné. Les réactions qu'elles provoquent peuvent être tellement émotives. Mais, qu'on le veuille ou non, elles ne peuvent être évitées. Bien que nous vivions dans l'instantané et la réaction immédiate, j'essaie de traiter ces sujets dans une perspective plus large, non pas comme un spécialiste moralisa-teur que je ne suis pas, mais plutôt comme un simple citoyen qui observe et réfléchit sur notre monde et son avenir.

Je déteste qu'on me catalogue de façon simpliste comme fédéraliste, francophone, socialiste ou centre droit. En effet, par ma langue et ma culture, je suis québécois. La langue française est ce qui me distingue. C'est la caractéristique fondamentale de mon identité, mais ce n'est pas la seule. Par le hasard de ma naissance, ma citoyenneté et le partage de valeurs, je suis canadien. Par mon enfance et ma jeunesse, je suis attaché à la ville de Québec. Par ma résidence depuis plusieurs années, je suis montréalais. Par mon éducation, je suis d'appartenance chrétienne. Par ma formation d'actuaire et ma carrière professionnelle, je suis ouvert sur le monde. Par mon vécu et mes réflexions, je suis pacifiste, j'essaie d'être antiraciste et je me vois de plus en plus comme un humain sans frontières.

LA LANGUE, L'IDENTITÉ ET LA CULTURE

Depuis la Conquête jusqu'au lendemain de la Seconde Guerre mondiale, nous avons survécu dans des conditions difficiles. Dans un combat de David contre Goliath, nous avons résisté à la volonté du colonisateur de nous assimiler. Ce n'est que dans les années 1960 que la langue est clairement devenue une préoccupation chez nos dirigeants politiques.

Il faut dire que la volonté de garder la langue française s'est toujours manifestée. Dans mon enfance, à l'école publique, les Frères des écoles chrétiennes avaient imaginé un moyen pour nous encourager à mieux parler notre langue : ils nous donnaient des jetons de « bon parler français ». Nous pouvions les réclamer à ceux qui faisaient des fautes de grammaire. Périodiquement, ceux qui avaient le plus de jetons recevaient en récompense un livre à reliure rouge et à frange dorée sur la vie d'un saint. Inutile de dire que ce genre de livre prenait vite le chemin des oubliettes. Un jour, j'avais offert à mon père, grand amateur de lecture, de lire un de ces livres. Je me souviens avoir été un peu déçu par son manque total d'intérêt.

À la radio, les animateurs parlaient un français correct et nous entendions rarement du joual ou des sacres. Contrairement à ce qui a souvent été dit, cette époque n'était tout de même pas celle de la grande noirceur !

Nous avons maintenant une masse critique et un niveau de développement qui sont à des années-lumière de ce que nous avons vécu. Seul un Québécois sur 20 ne parle pas le français, et cela malgré la perte de centaines de milliers de Québécois qui ont émigré vers la Nouvelle-Angleterre afin de fuir la misère et le sous-développement économique sous l'empire de nos élites et du clergé. La loi 22 sous Robert Bourassa et la loi 101 sous René Lévesque ont été les éléments déterminants.

En Ontario, au Nouveau-Brunswick et dans les autres provinces, les mesures visant l'assimilation sont chose du passé et le nombre de francophones s'est stabilisé. Nous assistons à une encourageante recrudescence du français un peu partout au Canada et à certains endroits aux États-Unis. Dans l'ensemble canadien hors du Québec, plus de deux millions de personnes sont de langue française. Les écoles et les classes de langue française se multiplient à Toronto, Vancouver, Calgary, New York, Boston et Los Angeles. Dans le contexte de la mondialisation et de la libéralisation des échanges, la connaissance du français y est vue comme un actif très valable.

Nous nous sommes dotés d'institutions universitaires, culturelles et économiques de haut niveau et de calibre international. Grâce à la déconfessionnalisation de notre système d'éducation, les immigrants et leurs enfants ont accès aux écoles francophones. Chez les francophones, la connaissance de l'anglais n'est plus vue comme une étape vers l'assimilation, mais plutôt comme un élément essentiel dans le monde ouvert d'aujourd'hui.

En définitive, le chemin parcouru nous permet d'envisager l'avenir sur ce plan avec confiance bien que la sauvegarde de notre langue soit une lutte qui ne finira jamais, qu'elle se déroule au sein ou à l'extérieur du Canada.

La langue est l'élément le plus fondamental et important de notre identité en tant qu'individus. C'est l'élément qui distingue notre peuple. Dans la lutte pour conserver notre identité et notre culture, la langue constitue en conséquence l'élément primordial. Elle nous situe en quelque sorte dans l'histoire. De là l'importance des liens qui nous unissent à la France et à la francophonie. En d'autres termes, un peuple qui perd sa langue est condamné à disparaître. Langue et identité sont intimement liées.

Notre situation minoritaire dans l'univers nord-américain demande évidemment que nous demeurions vigilants. Mais de là à penser et à craindre que notre langue soit en situation de péril imminent, il y a une marge. En réalité, c'est la culture des Américains, bien plus que le fait que nous soyons entourés d'anglophones, qui est menaçant. Elle a une puissante force d'attraction partout dans le monde, même chez leurs ennemis.

Pour que les nouveaux venus au Québec veuillent se joindre à nous, francophones, notre langue et notre culture doivent être attrayantes. Aussi, au lieu de nous préoccuper en premier lieu du nombre de ceux qui parlent le français, nous devrions mettre beaucoup plus l'accent sur la qualité et la capacité d'attraction de notre langue et de notre culture. Le français que j'entends trop souvent dans la rue, à la radio et à la télévision témoigne d'un déplorable laisser-aller chez un trop grand nombre de Québécois.

La protection de notre langue et de notre identité dépend avant tout de notre vitalité et de notre attrait comme nation. Nous devons nous défaire de notre sentiment de crainte, d'insécurité et de méfiance, cet héritage de notre passé qui n'en finit plus de laisser des traces. Le stade de développement que nous avons atteint, le caractère distinct de notre société que nous avons su développer et conserver, ainsi que notre capacité à rivaliser dans bien des domaines avec les meilleurs au monde, constituent, il me semble, suffisamment de gages pour que nous puissions nous libérer de ces sentiments. De toute façon, nous vivons dans un monde dans lequel nous n'avons d'autre choix que de nous affirmer avec confiance.

En tant que peuple, nous avons un atout très important. C'est le fort sentiment de solidarité qui lie les Québécois. Dès qu'une personne, une entreprise ou un groupe de chez nous se distingue à l'extérieur de nos frontières, nous sommes fiers comme s'il s'agissait d'un membre de notre famille. Si un désastre se produit ou qu'une personne se trouve en grande difficulté, un extraordinaire sentiment d'entraide se manifeste.

Nous sommes fiers des Céline Dion, Guy Laliberté et Michel Tremblay, de CGI, de Bombardier et du Canadien de Montréal pour ne nommer qu'eux. Nous sommes fiers de penser que c'est ici que les inégalités sociales sont les moins prononcées en Amérique du Nord. Les Européens et les Américains qui nous visitent me semblent toujours impressionnés par ce fort sentiment d'appartenance.

LES ACADIENS

Je ne saurais clore la question de notre identité sans dire un mot sur nos cousins acadiens. Voilà un peuple qui a connu un sort bien pire que le nôtre. Il a été brutalement déraciné et dispersé vers la Louisiane, l'Australie, la Grande-Bretagne et d'autres endroits éloignés. Aujourd'hui, on qualifierait leur déportation de crime contre l'humanité.

Les survivants de cette terrible expérience ont su se regrouper et revenir lentement vers leur pays d'origine, l'Acadie. Ils ont réussi à se réinstaller sur des terres moins fertiles que celles d'où ils furent chassés. À force de persévérance et de détermination, ils constituent maintenant un peuple fier, avec ses traditions et sa culture. Un peuple qui a réussi à s'imposer et à faire en sorte que le Nouveau-Brunswick devienne la première et unique province bilingue au Canada.

Si les Acadiens ont réussi à survivre et à se développer comme ils l'ont fait, je ne vois pas pourquoi nous n'aurions pas autant confiance en notre capacité de faire de même. D'autant plus que nous n'avons pas connu les affres de la déportation. Enfin, en songeant aux Acadiens, je déplore l'attitude mesquine des indépendantistes qui, à ma connaissance, ne se préoccupent guère de ce que serait le sort des Acadiens isolés dans un Canada démembré.

LE NATIONALISME

Cela nous amène sur le terrain du nationalisme. Au début des années 1960, j'étais animé d'un profond sentiment nationaliste. Pour moi, le nationalisme était le moteur qui pouvait nous sortir de notre état de sous-développement. C'est d'ailleurs dans une large mesure grâce à ce fort sentiment que nous nous sommes engagés dans ce qui est devenu la Révolution tranquille et que nous nous sommes libérés du syndrome du « p'tit Québécois né pour un p'tit pain ».

Comme la plupart, je n'avais aucunement réfléchi aux dérives que le nationalisme peut déclencher. Je n'étais pas conscient que, poussé trop loin, le nationalisme peut en venir à agir au détriment des droits fondamentaux des personnes et des communautés. Des droits qui distinguent les démocraties de toutes les formes de dictature. Il s'agit d'un risque qui ne peut être pris à la légère.

Comme bien d'autres, René Lévesque était conscient des dangers d'avancer trop loin sur ce terrain. Il faut se souvenir qu'en tant que correspondant pendant l'invasion de l'Europe par les forces alliées, il avait été témoin des horreurs commises sans aucun égard aux droits les plus fondamentaux. On a aussi raconté qu'il était opposé à l'idée de donner à son nouveau parti politique le nom de «Parti québécois». Il voyait probablement le danger que ce nom divise les Québécois.

C'est d'ailleurs ce qui s'est produit. Au lieu que l'indépendance devienne un objectif capable de rallier l'ensemble des Québécois, c'est devenu la raison d'être d'un parti politique, le Parti québécois. Au lieu d'un nationalisme axé sur l'avenir et l'ouverture sur le monde, le parti en est venu, sous les Pauline Marois et Bernard Drainville, à prôner un nationalisme identitaire, tourné vers notre passé et animé par des sentiments d'insécurité et de fermeture.

Aujourd'hui, le nationalisme n'occupe plus la même place dans les sentiments des Québécois. Le sort réservé au projet de charte des valeurs du gouvernement Marois l'a montré on ne peut plus clairement. Ce projet misait sur des craintes et des préjugés qui sont loin d'être partagés par la grande majorité des Québécois. Il semble d'ailleurs que le projet avait été conçu pour garder vivante la flamme nationaliste en attendant que l'objectif de l'indépendance reprenne de la vigueur. Même s'il fut présenté sous le couvert de valeurs dites québécoises, il a été vigoureusement dénoncé et rejeté en avril 2014. À tel point que des protagonistes, y compris certains ministres qui l'avaient défendu avec conviction, ont récemment voulu prendre leurs distances par rapport à ce projet de charte.

Quant aux valeurs fondamentales énoncées dans le projet, personne ne s'oppose au principe de la séparation de l'Église et de l'État et à celui de l'égalité entre hommes et femmes. Rien ne s'oppose à ce que ces valeurs soient réaffirmées dans une autre loi.

L'abandon de la charte ne signifie pas toutefois que la question initiale, celle des accommodements raisonnables, ait été évacuée. Il faut se souvenir qu'elle a suscité, il n'y a pas si long-temps, un vif débat public qui a abouti à la création de la commission Bouchard-Taylor. Dans leur rapport, les commissaires avaient recommandé d'établir des balises destinées à servir de guide lorsque des problèmes d'accommodement se poseraient. Une tâche qui ne doit pas être reportée trop longtemps.

À ce jour, le rapport Bouchard-Taylor, comme bien d'autres, est resté lettre morte. Il est difficile de comprendre pourquoi, car les traces laissées par la charte des valeurs ne vont pas disparaître spontanément. Elle a été perçue par les Québécois d'origines étrangères et à l'extérieur de nos frontières comme un symbole d'intolérance et de fermeture. Compte tenu de l'importance d'afficher une attitude accueillante, nous, qui avons un grand besoin de nouveaux citoyens qualifiés, devrons modifier l'image que nous projetons.

Plus on tarde à apporter une réponse qui fait consensus sur cette question, plus elle risque de s'envenimer de nouveau à l'occasion d'un incident ou d'un événement impliquant une minorité. Je ne peux m'empêcher de signaler qu'elle constitue une autre problématique que nous seuls pouvons régler.

Dans une société minoritaire comme la nôtre, les libertés individuelles occupent une place particulière. Les grandes libertés d'expression, d'association et de religion constituent des valeurs qu'ont en commun toutes les sociétés démocratiques. Elles doivent être inviolables. Leur importance est telle qu'elles font l'objet de droits généralement consacrés dans des lois constitutionnelles ou dans des chartes.

Je demeure personnellement convaincu que ce sont des sentiments de fierté et de solidarité qui doivent au premier titre nous animer. Ce sont des principes tout à fait en accord avec l'esprit traditionnel d'ouverture et de tolérance des Québécois.

L'ÉCONOMIE ET L'ARGENT

Nous entretenons une attitude différente de celle des anglophones canadiens et américains à l'endroit du succès, de l'argent et de la richesse. Les Québécois souhaitent naturellement voir leurs revenus croître, et cela est légitime. Par contre, dès qu'une personne réussit, elle devient souvent l'objet de méfiance et de jalousie. On veut bien que les entreprises réussissent et créent des emplois, mais, en même temps, on entretient des préjugés envers leurs propriétaires ou leurs dirigeants.

Ces préjugés bien enracinés s'expliquent pour une bonne part par la méconnaissance du fonctionnement de l'économie. Combien de fois ai-je constaté que des personnes, pourtant intelligentes, sont convaincues que si une entreprise fait un gain, ou «fait de l'argent» en langage populaire, quelqu'un d'autre subit une perte. Comme s'il s'agissait de vases communicants et qu'automatiquement quelqu'un doit être lésé.

L'idée que, dans un contexte de concurrence, il soit possible de produire un service de meilleure qualité à un prix moindre ne passe pas. Ni celle que les entreprises et leurs clients puissent être gagnants. Pourtant, dans notre société, c'est le principe à la base de notre économie. L'entreprise et ses clients doivent trouver leur avantage, sinon c'est la faillite, la fermeture.

Une société qui se veut dynamique doit laisser de l'espace et de la liberté à ceux qui veulent travailler davantage et courir des risques. Si, dans le domaine des sports, les meilleurs joueurs obtiennent les meilleures conditions salariales, pourquoi alors dans les affaires faut-il que les meilleurs soient bien souvent vus comme des profiteurs? Notre attitude doit changer: après tout, ce sont ces gens qui dirigent notre économie qui créent des emplois et la richesse avec tout ce que cela signifie.

Une autre idée, soit celle selon laquelle les gouvernements peuvent dépenser à leur guise, est très répandue. Pourtant, il semble évident que le gouvernement qui dépense plus que ses revenus pour ses besoins courants doit emprunter afin de combler la différence et que, en agissant ainsi, il ne fait que reporter le problème. Comme l'impasse actuelle dans laquelle se trouve notre gouvernement le démontre, il ne fait qu'aggraver la situation.

On entretient le même genre de méconnaissance à l'endroit des subventions aux entreprises. Qu'elles soient sous forme d'injection d'argent ou de crédits d'impôt, elles s'ajoutent aux dépenses du gouvernement. Si les subventions aident une entreprise à se développer, à créer des emplois et à augmenter les revenus de l'État, il est possible que tout le monde y trouve son compte, y compris les contribuables. Par contre, si ce n'est pas le cas, ce sont inévitablement ces derniers qui doivent absorber le coût des subventions déficitaires.

L'idée voulant que le gouvernement puisse dépenser sans limites crée l'impression qu'il a toute la latitude voulue pour intervenir, ce qui incite les gens à demander au gouvernement d'intervenir chaque fois qu'un problème se présente. Pourtant, il est établi que l'interventionnisme produit un effet malsain de déresponsabilisation. Bref, l'idée de gratuité entretient des illusions néfastes.

Si nous voulons développer notre plein potentiel, le succès doit être valorisé. L'époque où seuls les pauvres allaient au ciel est chose du passé. Quand allons-nous enfin tourner la page ?

LES REPÈRES

Parmi les changements qui se sont produits au cours des dernières années, la baisse de la moralité publique est frappante. Nous sommes rapidement passés d'une société sous le joug de l'étroite morale de l'Église catholique à une des sociétés les plus permissives.

La rapidité avec laquelle la transformation s'est produite est possiblement unique au monde. Les églises, les monastères et les couvents se sont vidés de leurs religieux, de leurs prêtres et de leurs sœurs et, tout aussi rapidement, de leurs fidèles. Les individus continuent de se dire catholiques même s'ils ignorent les prescriptions de l'Église et ont abandonné les pratiques religieuses.

Le ressentiment des Québécois à l'endroit de l'Église catholique est profond. Récemment, un sondage indiquait que 73 % des Québécois auraient préféré voir Edward Snowden, l'ex-agent de la National Security Agency (NSA) qui a révélé comment le gouvernement américain et ses alliés espionnent les communications et les réseaux Internet du monde entier, sur la couverture du magazine *Time* plutôt que le pape François.

L'interminable commission Charbonneau et la saga des sénateurs à Ottawa montrent jusqu'à quel point la gangrène est répandue. Au moment où j'écris ces lignes, l'espace public est dominé par les audiences publiques de la commission sur la corruption dans l'industrie de la construction, les syndicats et les milieux politiques. Combien de personnes dans tous les milieux, urbains ou ruraux, s'engagent dans le trafic de la drogue malgré les terribles dégâts qu'elle crée ? Nous vivons dans un climat de morosité, d'introspection et de remise en question stérile.

À un autre niveau, je ne peux m'empêcher de constater que le mensonge est devenu monnaie courante. Les petits vols dans les endroits publics le sont tout autant. Ce qui importe, c'est de ne pas se faire prendre.

En somme, la rapide et profonde désaffectation à l'endroit de la religion a laissé un vide, une absence de repères, dans la vie d'un grand nombre. La pression sociale et communautaire qu'exerçaient jadis l'Église catholique et sa morale n'existe plus. J'ai l'impression que le relâchement des valeurs est plus prononcé au Québec que dans les pays avec lesquels nous aimons nous comparer.

La montée de l'individualisme et de l'égoïsme, de la déresponsabilisation des personnes et les malheureux exemples donnés par des gens bien en vue dans les milieux d'affaires et de la politique sont à la source de ces tendances. Des tendances que nous allons devoir inverser et qui soulignent notre profond besoin de repères.

14

UN NOUVEL ÉLAN

Le monde est entré dans une nouvelle ère de changements profonds et de bouleversements en voie de transformer l'ensemble de la planète. Nous vivons dans un contexte bien différent de tout ce que le monde a vécu dans le passé. Personne n'y échappe et ne peut éviter de s'y engager, ce qui implique des choix nouveaux et difficiles.

L'orientation générale que nous devons prendre est claire. Dans le contexte de la mondialisation et des changements dans tous les domaines, nous devons poursuivre notre route dans la voie tracée par ceux qui nous ont précédés, mais en regardant résolument vers l'avenir.

Au lieu de nous diviser sur notre statut politique au sein ou à l'extérieur du Canada, nous avons la responsabilité de nous concentrer sur le genre de société dans laquelle nous voulons vivre et que nous allons léguer aux jeunes en voie de prendre la relève.

Nous avons besoin d'une vision d'un monde meilleur capable de rallier une solide majorité de la population qui a soif de changement. Une telle vision constitue, bien sûr, un idéal que nous n'atteindrons possiblement jamais. Mais nous avons besoin d'une vision vers laquelle tendre. Ce n'est qu'ainsi qu'il deviendra possible d'établir des objectifs durables et de fixer des priorités au-delà du court terme.

Notre économie connaît de sérieux problèmes. L'année 2013 s'est soldée par une croissance anémique du PIB de 1,0 %. Celle-ci a fait en sorte que, selon l'Institut de la statistique du Québec (ISQ), le pouvoir d'achat des Québécois a diminué, pour la première fois depuis 1996, de 0,3 %. Quant aux perspectives d'avenir, elles sont plutôt pessimistes. On prévoit en effet pour les 20 prochaines années une croissance du PIB qui se limitera à environ 1,6 % par année, bien en deçà des prévisions de croissance pour le Canada et les États-Unis.

La situation sur le plan de l'emploi reflète le manque de vigueur de notre économie. Le taux de chômage oscille autour de 7,8 %, soit un travailleur sur 13 sans emploi. Entre le début de 2013 et octobre 2014, le nombre d'emplois a baissé de 42 200 pendant que, dans les autres provinces et aux États-Unis, la création d'emplois était vigoureuse. Cette baisse est d'autant plus inquiétante que, selon l'ISQ, elle se produit alors que la population de 15 à 64 ans va diminuer et celle des 65 ans et plus augmenter. Pour compléter ce tableau peu réjouissant, le revenu moyen des Québécois se situe parmi les plus bas au Canada[12].

Quant à nos finances publiques, elles sont engagées dans une situation de déficit structurel qui doit de toute évidence être corrigée. Les gouvernements libéraux et péquistes qui se sont succédé au cours des années à la tête du Québec ont tous leur part de responsabilité dans l'état de notre maison.

---

12. Luc Godbout et Marcelin Joanis, *Le Québec économique. Les grands enjeux des finances publiques 2013-2014*, Québec, Les Presses de l'Université Laval, 2014 ; *Le Point sur la situation économique et financière du Québec*, Gouvernement du Québec, 2 décembre 2014.

En l'absence de changements fondamentaux dans la structure des revenus et des dépenses de l'État, le gouvernement sera dans l'obligation de poursuivre au cours des prochaines années un programme de dures compressions de dépenses.

Or, nous avons tous été en mesure de constater que les coupes ont inévitablement provoqué des réductions et des éliminations de services qui ont des effets néfastes et indésirables sur la qualité de vie des Québécois. Nous assistons quotidiennement à des reculs qui ne peuvent être corrigés que par un rétablissement durable de l'équilibre budgétaire au moyen d'une croissance accrue des revenus. Cela exige des mesures afin de stimuler l'économie et pour que nous puissions obtenir bien davantage en termes de volume et de qualité de services publics pour le fardeau de nos taxes et impôts.

Nous payons les taxes et impôts les plus élevés sur le continent et les mesures imposées dans le mini-budget de décembre 2014 vont peser encore plus lourdement sur la classe moyenne. Les gens sont inquiets et se sentent agressés. Il serait téméraire dans un tel climat d'alourdir encore davantage le fardeau fiscal des travailleurs québécois.

Qui plus est, le gouvernement ne peut procéder par la voie de l'endettement. Notre dette pèse énormément sur nos finances. Je rappelle qu'il en coûte déjà 11 milliards de dollars par année, soit 11 % du budget du gouvernement, simplement pour payer les intérêts sur cette dette. Une somme qui va inévitablement augmenter avec la hausse éventuelle des taux d'intérêt. Quant aux ménages de la classe moyenne, ils sont non seulement lourdement taxés, mais aussi déjà trop endettés.

L'atteinte de l'équilibre budgétaire, dont le rythme est dicté par les marchés financiers, n'est pas un projet de société. C'est un signal qu'il faut de façon impérieuse mettre de l'ordre dans nos finances publiques. D'autant plus qu'un contrôle trop prolongé et rigide des dépenses publiques pourrait nous enfoncer de nouveau dans une récession dont les effets seraient destructeurs.

Confrontés à une telle situation, nous devrions nous inspirer de ce qui a été fait dans le passé dans des situations qui semblaient sans issue. Ce ne sont pas les exemples qui manquent. Ils montrent qu'un changement de cap doit nécessairement être appuyé par la population qui y voit une source d'espoir.

Ainsi, c'est sur la base du rapport Beveridge, que la Grande-Bretagne a lancé, en plein milieu de la guerre, une série de mesures ambitieuses à caractère social. Elles ont fait époque et servi de modèle au Canada, notamment pour l'assurance chômage et l'assurance maladie.

En 1960, pour rompre avec le passé et engager le Québec vers l'avenir, le gouvernement de Jean Lesage a entrepris, sous la gouverne de Paul Gérin-Lajoie, l'importante réforme de l'éducation qui a constitué l'élément fondamental de la Révolution tranquille. En 1962, nouveau coup d'éclat : le gouvernement Lesage a procédé, sous l'impulsion de René Lévesque, à la nationalisation de l'électricité dans le but d'améliorer les conditions de vie des Québécois et de pouvoir ainsi maintenir l'élan de son gouvernement.

Au début des années 1970, le gouvernement de Robert Bourassa, dont j'ai été membre, a lancé le grand projet de la baie James et celui de l'assurance maladie. Ces deux projets ont brisé le cycle de la contestation de la fin des tumultueuses années 1960 marquées par les conflits linguistiques.

Dans chacune de ces situations, des projets d'envergure et hors des sentiers battus ont été lancés. C'est la voie tout indiquée dans le contexte actuel au Québec. Il nous faut aller au-delà des ajustements et des correctifs à la marge des programmes existants.

Le gouvernement Couillard propose pour redynamiser le Québec le Plan Nord, dont le potentiel est largement tributaire de la demande extérieure en ressources naturelles, une stratégie maritime qui reste à définir et un programme d'aide financière aux PME. Cet ensemble plutôt timide n'apparaît guère susceptible de créer un élan fortement appuyé au sein de la population. Nous sommes loin d'une stratégie qui donne un espoir crédible, comme ce fut le cas, par exemple, avec le lancement de la baie James ou la stratégie des grappes industrielles.

Or, nous sommes les propriétaires d'une immense capacité de production d'électricité au moyen d'une ressource renouvelable et non polluante. Nous sommes loin toutefois de mettre cette extraordinaire richesse en pleine valeur au profit de l'ensemble des Québécois. Au contraire, le monopole qu'exerce Hydro-Québec est un intouchable dont la mission première, établie il y a 50 ans, est dépassée.

Voilà un projet dans lequel nous devrions nous engager : que le plein potentiel d'Hydro-Québec soit mis en valeur pour le bienfait de notre économie et des Québécois.

Nous avons su lancer les ambitieux projets de la Manicouagan et de la baie James et montrer de façon impressionnante notre savoir-faire. Cet élan vers l'avant, provoqué par René Lévesque au sein du gouvernement Lesage, avait pour but de rendre l'électricité accessible à l'ensemble des Québécois dans toutes les régions.

Hydro-Québec est rapidement devenue un symbole, une véritable vache sacrée, qui a fait la fierté des Québécois du temps du slogan *On est 12 012 pour assurer votre confort*. Avec le passage du temps, d'autres missions lui ont été confiées. D'abord la création d'emplois, subventionnés par Hydro-Québec, dans des entreprises telles que les alumineries. Puis, à la demande des gouvernements successifs, Hydro-Québec s'est engagée dans la création de mini-centrales qui ne semblent en mesure de survivre qu'avec l'aide de subventions.

Enfin, elle s'est lancée dans le développement de parcs éoliens dont la production à grands frais semble excédentaire.

La production d'électricité de ces deux sources coûte extrêmement cher aux Québécois pour la création, en définitive, d'un nombre limité d'emplois. Selon certaines estimations, il est question de coûts excédant un milliard de dollars chaque année et de plus de 150 000 $ par année pour chaque emploi créé. En réalité, Hydro-Québec sert de paravent afin de cacher les coûts réels des missions qui lui ont été confiées.

L'utilisation d'Hydro-Québec à ces fins a comme effet indirect de rendre impossible l'évaluation de sa performance quant à sa mission première. De plus, il semble bien que si l'on excluait les revenus générés par la transmission de l'électricité de la centrale terre-neuvienne de Churchill Falls, le rendement sur les capitaux investis dans Hydro-Québec serait nettement insuffisant. En d'autres termes, selon cette hypothèse, nous sommes loin de mettre en valeur l'immense potentiel que représente l'hydroélectricité.

Or, il existe, pour l'avenir prévisible à l'extérieur du Québec, une forte demande d'électricité à des prix élevés. La situation serait idéale pour faire en sorte qu'Hydro-Québec se voit confier la mission de mettre pleinement en valeur notre immense potentiel hydroélectrique et en faire un générateur de revenus dont bénéficieraient tous les Québécois.

Présentement, les consommateurs québécois paient leur électricité selon des tarifs nettement inférieurs à ceux du marché. Ces bas tarifs favorisent notamment une surconsommation par les plus gros utilisateurs et les entreprises. Cette mauvaise utilisation de l'électricité va à l'encontre des objectifs environnementaux et prive le gouvernement de revenus importants.

Si les tarifs étaient les mêmes qu'en Ontario, on a calculé qu'il en résulterait des revenus additionnels pour le gouvernement de l'ordre de trois à quatre milliards de dollars. L'ensemble des Québécois bénéficieraient de ces revenus additionnels.

La mise en œuvre d'un tel projet nécessiterait l'adoption d'un ensemble de mesures. La hausse des tarifs devrait être étalée sur une période de quelques années afin de permettre que les ajustements nécessaires se fassent de façon ordonnée pour les consommateurs. En outre, elle ne serait évidemment acceptable que moyennant une réduction correspondante des impôts des particuliers.

Pour le gouvernement, les capitaux reçus des investisseurs institutionnels seraient affectés au remboursement d'une partie de la dette publique du Québec, ce qui entraînerait une baisse des paiements d'intérêt payés par le gouvernement. L'impact de cette réduction sur le service de la dette pourrait être significatif.

Si on fait l'hypothèse que la valeur d'Hydro-Québec, selon sa nouvelle mission, serait égale à la moitié de la dette publique, ce qui est plausible, une prise éventuelle de participation par les investisseurs institutionnels de 10 % dans la société d'État aurait pour effet de réduire la dette d'environ 5 %. Comme le service de la dette s'élève à environ 11 milliards de dollars pour l'année en cours, la dépense en intérêts du gouvernement pourrait ainsi être réduite de plus d'un demi-milliard par année.

Selon ce concept, Hydro-Québec demeurerait exclusivement propriété des Québécois. Notre potentiel hydroélectrique serait mis pleinement en valeur au bénéfice de l'ensemble des Québécois. Le projet réduirait les dépenses en intérêts du gouvernement et accroîtrait ainsi sa marge de manœuvre. La présence de représentants des investisseurs institutionnels au conseil d'administration pourrait avoir un effet positif. Les tarifs plus élevés payés par les contribuables seraient compensés par une baisse équivalente des taxes et impôts des particuliers. Et, tout aussi important, les citoyens ne subiraient aucune réduction de service.

Un tel projet pourrait sûrement être bonifié. Il devrait être discuté dans le cadre plus large du développement et de l'utilisation des différentes sources d'énergie. Bien entendu, il serait susceptible de provoquer, comme nous en avons pris l'habitude, de multiples objections et résistances. Sa mise en œuvre nécessiterait qu'elle soit pleinement expliquée et justifiée auprès de la population tout comme ce fut fait par René Lévesque, en 1962, lors de la nationalisation de l'électricité.

La mise en œuvre de ce projet ne diminuerait aucunement la nécessité d'équilibrer les finances publiques du Québec sur une base durable. Or, comme la santé accapare près de 50 % des dépenses du gouvernement, une telle opération ne peut être effectuée sans la participation de ce secteur.

C'est à ce niveau que se situe le problème numéro un des finances publiques du Québec. La question ne peut être évitée. Une réforme s'impose dans le double but de répondre de façon adéquate aux besoins en santé de la population et de ramener la croissance des coûts de façon durable. La place qu'occupe le système de santé dans les finances publiques est telle qu'on ne peut envisager un rééquilibrage des finances publiques sans l'atteinte de ces deux objectifs.

Plusieurs pays se sont retrouvés au cours des 20 dernières années dans des situations semblables à la nôtre. Malgré l'ampleur et la complexité de la tâche, ils ont procédé, en se concertant avec les intervenants, à des réformes en profondeur de leur système de santé. La Finlande, la Suède, le Danemark et la Grande-Bretagne – pour ne nommer que ceux-là – sont de ces pays qui ont eu le courage et la clairvoyance de s'engager dans des réformes en profondeur de leurs systèmes.

Ces pays ont démontré qu'il est possible de satisfaire les besoins de la population à l'intérieur des capacités financières de l'État.

J'étais convaincu que Philippe Couillard, fort de sa connaissance de notre système de santé, saurait enclencher une telle réforme. Mais je me suis rendu compte, au cours des débats entre les candidats à la direction du parti, qu'il avait renoncé à mettre de l'avant un tel projet. Ce n'est que plus tard qu'est apparu le véritable motif de ce changement, soit le passage du docteur Gaétan Barrette de la Coalition Avenir Québec au Parti libéral du Québec.

Il est devenu évident qu'advenant la victoire du parti, celui qui avait convaincu le docteur Couillard de donner mer et monde aux spécialistes, deviendrait le ministre de la Santé. Avec, en prime, la nomination du docteur Yves Bolduc, en guise de prix de consolation, à l'importante fonction de ministre de l'Éducation et de l'Enseignement supérieur.

Avec son style particulier, le nouveau ministre de la Santé a présenté à l'Assemblée nationale deux projets de loi pour lancer sa conception des changements nécessaires à notre système de santé. Au lieu de se servir des leçons découlant des changements apportés avec succès à l'extérieur, ses projets de loi s'inspirent des régimes de pays comme la Chine et l'URSS. Ils procèdent d'une pensée autoritaire hiérarchique, une orientation vouée à l'échec. Le ministre se donne tous les pouvoirs et tout procède du haut de la pyramide vers le bas, où se situe le pauvre patient. Simplement à titre d'exemple, c'est le ministre qui va nommer les directeurs généraux et leurs adjoints et décider des structures administratives des hôpitaux.

On ne peut pourtant ignorer la faillite de ces pays en matière de santé. En URSS, entre la fin de la guerre et la chute du mur de Berlin, l'espérance de vie a diminué alors qu'elle a augmenté de façon spectaculaire dans les pays occidentaux.

Le ministre Barrette ne réalise pas qu'il est impossible de centraliser dans ses mains la gestion d'un système aussi vaste et complexe que celui de la santé. Si ses projets de loi sont adoptés, notre système de santé va à la fois se politiser et s'enfermer dans une bureaucratie stérile. Ce qui ne peut qu'avoir pour effet de déresponsabiliser et de démotiver ceux qui, à un titre ou à un autre, travaillent dans des conditions déjà difficiles à prodiguer les soins dont la population a besoin.

De façon générale, les groupes qui ont pu présenter un mémoire à la commission parlementaire sur la santé se sont opposés aux deux projets de loi. Au cours des séances de la commission, le ministre a montré un manque de respect élémentaire à l'endroit des médecins omnipraticiens, des infirmières et des pharmaciens. Dans les médias, plusieurs médecins indignés se sont élevés, justifications à l'appui, contre les visées du ministre.

L'Association québécoise des établissements de santé et de services sociaux (AQESSS), habituellement réservée dans ses propos, s'est insurgée contre ce qu'elle appelle «un dangereux précédent qui représente, ni plus ni moins, qu'une prise de contrôle complète du réseau». Quant aux directeurs généraux, sur qui repose la responsabilité de diriger les hôpitaux et autres établissements, ils sont dans l'impossibilité de s'exprimer librement. Ils savent que leur statut, au lendemain de l'adoption de la loi, sera décidé par le ministre de la Santé et non plus par le conseil d'administration de leur établissement.

Le ministre veut forcer les omnipraticiens à produire davantage sous peine de sanctions. Cette manière forte de faire est sans l'ombre d'un doute condamnée à l'échec. Le ministre ne tient aucunement compte du nombre grandissant de femmes qui pratiquent la médecine selon des modèles de travail différents des habitudes traditionnelles des hommes. De plus, les omnipraticiens se plaignent de devoir consacrer de nombreuses heures chaque semaine dans des activités hospitalières. Ces exigences hors de la première ligne de soins – dans les urgences, les activités médicales particulières et dans les CHSLD – doivent être allégées. Les médecins spécialistes devront assumer une part plus équitable de ces tâches dont ils se sont délestés dans le passé sur le dos des omnipraticiens.

Le ministre a faussement prétendu s'être inspiré de l'exemple d'organisations américaines, telles les Health Maintenance Organizations (HMO) qui sont des modèles d'efficacité. Cela surprend parce que dans les HMO, les médecins spécialistes sont des employés salariés qui travaillent dans un cadre organisationnel détaillé et rigoureux, alors que, dans notre système, ils sont des professionnels autonomes sans obligation envers les hôpitaux.

Au moment d'écrire ces lignes, il est évident que les deux projets de loi du ministre Barrette seront adoptés par l'Assemblée nationale grâce à la majorité des libéraux. Malgré l'opposition généralisée devant la teneur de ces projets, il est impossible de comprendre pourquoi le premier ministre n'intervient pas. Lui qui a la chance unique de réformer notre système de santé et de passer à l'histoire va être associé à une autre étape de son déclin.

Les Québécois n'accepteront pas indéfiniment de ne pas recevoir les services auxquels ils ont droit. Tout comme dans les pays totalitaires, ils vont obtenir les services nécessaires de la part de médecins désengagés, par favoritisme et au moyen d'expédients de toutes sortes. Ce processus est d'ailleurs malheureusement déjà engagé.

Le lecteur aura compris que je suis profondément déçu et indigné devant l'état de notre système de santé qui, pendant des années, a été vu comme un modèle.

UN NOUVEL ÉLAN

Lorsque j'ai commencé la rédaction de mon livre, en mars 2014, je croyais que nous avions retenu des leçons du printemps érable de 2012. Le Québec semblait à une jonction de son histoire, tout comme au début de la Révolution tranquille.

L'élection en avril 2014 des libéraux de Philippe Couillard m'avait fait croire que, comme en 1960, un nouvel espoir était permis. Notre nouveau premier ministre avait la stature d'un homme d'État éloquent, rassurant et en pleine possession de ses moyens. Il promettait une nouvelle façon de faire de la politique, de ramener la transparence à Québec et de préserver les services publics sans hausser les tarifs et les impôts.

Au moment d'écrire ces lignes, je dois constater que la promesse d'un printemps nouveau s'estompe. La nomination de deux médecins controversés à la tête de deux des ministères les plus importants, créant ainsi un triumvirat médical à la tête du gouvernement, a semé un premier doute. L'encaissement par le docteur Yves Bolduc d'une prime de 215 000 $, en plus de sa rémunération de député, et l'absence de réaction du premier ministre ont provoqué l'indignation des Québécois et ajouté au doute. La décision d'augmenter les tarifs des centres de la petite enfance, contrairement à l'engagement pris en campagne électorale d'annuler la hausse annoncée par le gouvernement Marois, est apparue aux yeux de la population comme une opération improvisée. Elle a laissé en plan des questions qui, compte tenu des principes en cause, auraient dû faire l'objet d'un débat.

C'est dans ce contexte que le gouvernement s'est engagé dans le difficile et nécessaire exercice d'assainissement de nos finances publiques. La situation financière était telle, selon le gouvernement, qu'il n'avait d'autre choix que celui de procéder à une première ronde de coupes horizontales n'épargnant personne, sauf en santé et en éducation. Les dommages potentiels de certaines compressions sont apparus tels qu'elles ont dû être annulées. L'impression d'une absence de vision au-delà de l'équilibre budgétaire s'est répandue.

Les multiples rumeurs de coupes de dépenses se sont multipliées, suivies d'une série de décisions qui ont provoqué de plus en plus d'inquiétude et de vives réactions. Il est devenu évident que le premier ministre avait décidé d'agir vite et d'utiliser la méthode forte.

L'exercice s'est poursuivi en décembre par une mise à jour budgétaire comprenant des augmentations de taxes et de tarifs qui, au total, affecteront assez durement la classe moyenne. Mais, en contrepartie, l'énoncé comprenait peu de mesures susceptibles de donner de l'espoir en des jours meilleurs.

De plus, au cours de l'automne, les ministres Barrette et Bolduc ne font preuve d'aucune pensée directrice. En santé, on emprunte la voie d'une centralisation excessive pendant qu'en éducation on prend celle de la décentralisation. Les propos des deux ministres au cours de la présentation de leurs projets ont provoqué l'indignation et la colère des médecins, des infirmières et des enseignants.

Même si la majorité des citoyens comprend la nécessité d'assainir les finances publiques, les contestations se font de plus en plus nombreuses et acerbes. On se dirige vers de véritables bras de fer. L'appui de la population peut se transformer rapidement, comme nous avons pu le constater au printemps de 2012 lorsque le conflit étudiant s'est transformé en crise sociale. Le risque d'un dérapage ne peut être minimisé.

La dernière chose dont le Québec a besoin présentement, c'est d'une autre période de crise et de perturbation politique. En effet, selon l'ISQ, nous avons subi, depuis 1970, une énorme perte de 700 000 citoyens en raison, pour une bonne part, du climat d'incertitude et des crises des dernières décennies. Comme les mêmes causes produisent les mêmes effets, une période de turbulence compliquerait sérieusement notre situation.

Il faut éviter de s'engager dans le climat d'affrontement qui a caractérisé le conflit étudiant du printemps 2012. L'atteinte de l'équilibre budgétaire, bien qu'essentielle, doit être vue comme un moyen. Les ministres feraient mieux d'adopter une attitude moins rigide et doctrinaire. Mais ce qui importe, c'est la présentation d'une stratégie ou d'une idée forte et équilibrée de développement économique et social suffisamment convaincante pour redonner espoir à la population en des jours meilleurs.

John Maynard Keynes, dans sa sagesse, a bien tracé la voie à suivre. Selon lui, «le problème politique de l'humanité consiste à combiner trois choses: l'efficacité économique, la justice sociale et la liberté politique». De là l'importance de maintenir un sain équilibre entre l'économique, le social et l'exercice démocratique. Si une trop grande importance est donnée à un élément, les deux autres en souffrent.

— Claude Castonguay Montréal, décembre 2014

REMERCIEMENTS

Essayer de comprendre le monde dans lequel nous vivons n'est pas une mince tâche. Proposer des orientations pour le faire évoluer est encore plus difficile. J'en ai mesuré la difficulté de façon constante pendant la rédaction de mon manuscrit. Une tâche qui a demandé à la compagne de ma vie beaucoup de patience et de compréhension. Si j'ai mené à terme mon projet, c'est beaucoup grâce à elle. Enfin, mes remerciements à Yves Bellefleur pour ses sages conseils et sa patience pendant la révision de mon texte.